Sabine Molter-Schneider

Stundenblätter
Rollenspiele im Literaturunterricht

Dorothea Freudenreich/
Fritz Sperth

Stundenblätter
Rollenspiele im Literaturunterricht

Sekundarstufe I

23 Seiten Beilage

Ernst Klett Verlag für Wissen und Bildung

Reihe: Stundenblätter Deutsch
Herausgeber dieses Heftes: Jürgen Wolff

CIP-Titelaufnahme der Deutschen Bibliothek

Freudenreich, Dorothea:
Stundenblätter Rollenspiele im Literaturunterricht:
Sekundarstufe I / Dorothea Freudenreich; Fritz Sperth. –
2. Aufl. – Stuttgart: Klett, Verlag für Wissen und Bildung, 1990
(Reihe Stundenblätter Deutsch)
ISBN 3-12-927421-9)

2. Auflage 1990

Satz: W. Röck, Weinsberg, G. Müller, Heilbronn
Druck: Wilhelm Röck, Weinsberg
Einbandgestaltung: Zembsch' Werkstatt, München
ISBN 3-12-927421-9

Inhalt

Teil I: Rollenspiele im Literaturunterricht

Neue Versuche im Umgang mit literarischen Texten

Die Anstöße für unsere Bemühungen, Textarbeit im Literaturunterricht und im Religionsunterricht mit Methoden des Rollenspiels zu verknüpfen, gingen von den eigenen Erfahrungen im Literaturunterricht mit Hauptschülern aus. Wir waren oft enttäuscht darüber, daß wir die Schüler nur sehr schwer für die Auseinandersetzung mit literarischen Texten gewinnen konnten. Auch wenn wir die Texte in bezug auf eine altersspezifische Problematik oder im Hinblick auf aktuelle Probleme in der Klasse auswählten, blieben die Gespräche darüber langweilig. Selten wurde wirkliches Betroffensein durch literarische Texte ausgelöst. Der personale Bezug konnte nur zögernd hergestellt werden und erschien uns oft erzwungen. Dabei spiegelten die Texte öfter durchaus Lebenserfahrungen oder -erwartungen der Schüler und lösten eine Resonanz aus. Wir fanden jedoch keinen Weg, uns darüber zu verständigen, denn wir verfügten nicht über Formen, die es uns erlaubten, unser subjektives Berührtsein mitteilbar zu machen. Die Schüler begegneten sich auch nicht über ein gemeinsames Problem. Intersubjektives Verstehen von Texten und von Lebensproblemen gelang uns also nicht in einer befriedigenden Form. Erst durch den Einsatz von Rollenspielmethoden, also durch die Legitimation subjektiver Verstehensweisen und deren angemessene Veröffentlichung, wurde der Unterricht lebendiger und die gemeinsame Arbeit in der Gruppe intensiver. Denn die Schüler erfuhren nun, daß sie sich in der Identifikation mit den Texten selbst deutlicher erleben konnten.

Günter Grass verlangt von der Schule, daß sie dem Schüler Lust am Lesen geben soll: „um ihm die Chance zu geben – und sei es mit den verschiedensten Gedanken – sich mit einem Text zu identifizieren, sich selbst zu erleben ..." (Grass 1980, S. 106) Es geht also nicht um die Suche nach dem einen einzigen, von den Literaturdidaktikern und den Kritikern herausgearbeiteten Sinn eines literarischen Textes, sondern um die Begegnung des Lesers mit sich selbst mit Hilfe des Textes. Wohlverstanden, der Autor Grass schreibt dem Text diese Aufgabe zu.

In der Arbeit mit dem Rollenspiel haben wir erlebt, daß dies eine Methode sein kann, die den Schülern zu einer lebendigen und intensiven Auseinandersetzung mit sich selbst, mit der Gruppe und mit gemeinsamen Problemen verhilft. Wir versuchten diese Erfahrungen nun auch für die Auseinandersetzung mit literarischen Texten zu nützen. Unser Ziel war nicht das szenische Spiel, d.h. die Umwandlung eines Textes in ein darstellendes Spiel, das den Text nicht mehr bearbeitet, sondern paraphrasiert. Die Textrezeption sollte im Zentrum bleiben und nicht durch Spielen ersetzt, wohl aber begleitet werden. Wir möchten die Kollegen durch die hier vorgestellten Unterrichtsvorschläge zu ähnlichen Versuchen anregen, denn wir erlebten, daß die Schüler gerne mit uns zusammenarbeiteten und neues Interesse an Texten gewannen, weil sie lernten, auch von ihrer eigenen Betroffenheit zu sprechen.

Die Unterrichtsversuche wurden an verschiedenen Klassen einer Tübinger Hauptschule durchgeführt. Sie sind aber nicht auf den Bereich der Hauptschule beschränkt, sondern können auch an Gymnasien und Realschulen durchgeführt werden. Sie wurden auch mit Studenten ausprobiert.

Leerstellen oder Unbestimmtheiten als zentrale Stellen für das Textverstehen

Um den eigenen Ansatz zu verdeutlichen, müssen wir uns zunächst gegen traditionelle Rezeptionsmodelle abgrenzen. Früher stand die Interpretation von Texten im Vordergrund. Es ging dabei vor allem darum, den Text „richtig" zu verstehen, wobei die Kriterien für richtig oder angemessen aus Informationen über die Absichten des Autors gewonnen wurden. Sie wurden also aus dem historischen und dem literarischen Kontext erschlossen. Demgemäß war es wichtig, die eine Interpretation zu erarbeiten, die dem Text gerecht wurde. Das Bemühen um eine Interpretation des Textes gilt zwar weiterhin, hat aber seine Dominanz verloren.

Wenn es nun so ist, daß „das literarische Werk kein für sich bestehendes Objekt (ist), das jedem Betrachter zu jeder Zeit den gleichen Anblick darbietet. Es ist vielmehr wie eine Partitur auf die immer erneuerte Resonanz der Lektüre angelegt." (Jauß 1975), so erledigt sich die Frage nach einer eindeutigen, allgemein gültigen Interpretation von Texten von selbst. Gleichwohl stellt sich die Frage, wie Rezeption überhaupt stattfindet und wie individuelle Rezeptionen gleicher Texte allgemeine Verbindlichkeit im Sinne von verbindend erreichen können.

Mit der Rezeption von Literatur hat sich Wolfgang Iser auseinandergesetzt. In einer Konstanzer Universitätsrede entwickelte er eine Gegenposition zur „Kunst der Interpretation" (1970). Dabei greift er die Prinzipien einer werkimmanenten Interpretation an und rückt das vernachlässigte Verhältnis von Text und Leser in den Mittelpunkt der Textforschung. Wir können hier seine Überlegungen nur andeuten: Iser geht in Anlehnung an Ingarden davon aus, daß Texte zunächst unbestimmt sind und daher vom Leser fordern, daß er den Sinn des Textes für sich vervollständigt. Dieser Interaktionsprozeß zwischen Text und Leser wird weniger bestimmt durch den Autor und dessen Absicht, sondern er wird hauptsächlich von den Textstrukturen sowie den Erfahrungen und Werthaltungen des Lesers geprägt.

Dieser Prozeß des individuellen Textverstehens gliedert sich in verschiedene Schritte der Auseinandersetzung. Beim ersten Lesen nimmt der Leser den Text nur soweit auf, als er sich den Text zu eigen macht, d. h., er unterstellt einzelne Ausschnitte seinen Erwartungen und Phantasien. Beim zweiten Lesen, bei dem der Text als Ganzes bekannt ist, wird der Leser stärker an die Textvorgaben gebunden. Seine Phantasien, Projektionen, seine aktive Mitarbeit im Bewältigen der Spannung haben sich durch den Text verändert, sie legen aber dennoch sein Verständnis in einer bestimmten Weise fest. So ist es möglich, daß ein Text beim ersten Lesen die Erwartungen eines Lesers so vollständig bestätigt, daß sich Leseprojektionen und Textmitteilung decken und damit widerspruchslos bleiben. Der Text kann für den einzelnen Rezipienten aber auch voll von Ungereimtheiten sein, von Widerständen und Unverständlichkeiten im Hinblick auf die individuelle Struktur dieses einen Lesers, der verwirrt, unsicher und gespannt und somit zu weiterer Auseinandersetzung angeregt wird. Bei einer Bearbeitung in der Gruppe können die diskrepanten Beiträge der einzelnen Teilnehmer die Spannung und die Verwirrung vermehren. Der Text ist dann nicht nur für den Einzelnen, sondern für alle erkennbar mehrdeutig geworden; die Textbearbeitung wird zu einem aktiven Vorgang, bei dem der Sinn in der Auseinandersetzung erschlossen wird. Dabei können weder Kritiker noch Literaturwissenschaftler die Textbedeutung allgemein verbindlich erschließen, weil „die Bedeutungen literarischer Texte erst im Lesevorgang generiert werden; sie sind das Produkt einer Interaktion von Text und Leser und keine im Text versteckten Größen, die aufzuspüren allein der Interpretation vorbehalten bleibt. Generiert der Leser die Bedeutung eines Textes, so ist es nur zwangsläufig, wenn diese in einer je individuellen Gestalt erscheint." (Iser 1975, S. 229)

Offen ist damit die Frage, welche Schlüsselreize in einem literarischen Text diese Prozesse von Projektion und Identifikation beim Leser in Gang setzen. Wir beschäftigen uns hier ausschließlich mit fiktionalen Texten, d.h. mit Texten, die einen Sachverhalt beschreiben, der außerhalb des Textes keine Realität hat, sondern nur innerhalb des eigenen Ganzen. Die Funktion von literarischen Texten ist es auch nicht, die Wirklichkeit abzubilden, sondern diese Texte sollen Stellungnahmen, Einsichten, Meinungen und Reaktionen in bezug auf die Wirklichkeit provozieren. Folglich sind sie nicht auf ihren Wirklichkeitsgehalt hin zu überprüfen, sondern auf die Weise der Auseinandersetzung mit Erfahrungen, Einsichten, Erwartungen. „Es gehört zu den schier unaustilgbaren Naivitäten der Literaturbetrachtung zu meinen, Texte bildeten Wirklichkeit ab. Die Wirklichkeit von Texten ist immer erst eine von ihnen konstituierte und damit Reaktion auf Wirklichkeit." (Iser 1975, S. 232) Wenn wir den Text aber als eine mögliche Reaktion auf Wirklichkeit begreifen, dann nehmen wir ihm seine Absolutheit und setzen ihn in Beziehung zu uns selbst. Die Wirklichkeit eines Textes entsteht dann, wenn der Leser die vom Text angebotenen Reaktionen auf ihn mitvollzieht.

Der Text bietet dem Leser diesen Mitvollzug an, weil er in sich offen und ergänzungsbedürftig ist. Der Autor führt nicht alles im Detail aus, er arbeitet mit Anspielungen und Schlüsselwörtern, die an Erfahrungen, Erwartungen und Erinnerungen des Lesers anknüpfen. An diesen Stellen bindet der Leser die Hinweise und Anregungen des Textes an seine eigenen Erfahrungen. Damit dieser Prozeß stattfinden kann, muß der Text so strukturiert sein, daß er in seinem Aufbau oder in seinen Begriffen „unbestimmt" ist, d.h., nicht eindeutig festgelegt. Texte, die möglichst alles berichten, lassen den Leser unberührt, sie informieren ihn, er hat aber keine Chance, an der Sinngebung mitzuarbeiten. Die Unbestimmtheiten eines Textes sind nicht sein Mangel, sondern sein eigentliches Wirkungspotential, auch wenn sie vom Leser nicht bewußt wahrgenommen werden. Die durch die Unbestimmtheiten eines Textes entstehenden Leerstellen werden vom Leser dauernd aufgefüllt. Indem der Leser sie beseitigt, nutzt er den Auslegungsspielraum und stellt selbst die nicht formulierten Beziehungen zwischen den einzelnen Absichten her (Iser 1976, S. 188). Diese Füllungen bestimmen zunächst auch sein Gesamtverständnis des Textes und können durchaus an den ursprünglichen Intentionen des Autors vorbeigehen. In der Schule werden diese individuellen Füllungen von Unbestimmtheitsstellen des Textes meist nicht diskutiert, was dazu führt, daß die Auseinandersetzung mit Texten oft auf einer formalisierten, unverbindlichen und unpersönlichen Ebene bleibt.

Um die Wirkung von Leerstellen an einem Beispiel deutlich zu machen, nehmen wir das Gedicht von Bertolt Brecht „Fahrend in einem bequemen Wagen", das so endet: „... Als ich plötzlich erschrak über diese meine Stimme, dies mein Verhalten und diese ganze Welt." Brecht selbst gibt keine Antwort auf den Inhalt des Erschreckens, sondern überläßt es dem Leser, das Erschrecken nachzuvollziehen und inhaltlich zu füllen. Dabei spielt aber das, was der Text im Ganzen auslöste, die Bilder, die durch den Text aufgestiegen sind, durchaus eine bestimmende Rolle. Jeder Leser wird jedoch aufgrund seiner biographisch bedingten Erfahrungen, seiner gesellschaftlichen, moralischen und politischen Einstellungen, sein Erschrecken individuell begründen.

Für Wolfgang Iser sind Leerstellen oder Unbestimmtheiten auch Umschaltstellen zwischen Text und Leser. Sie regen den Leser zum Mitdenken an. „Die Leerstellen machen den Text adaptierfähig und ermöglichen es dem Leser, die Fremderfahrung der Texte im Lesen zu einer privaten zu machen. Privatisierung von Fremderfahrung heißt, daß es die Textbeschaffenheit erlaubt, bisher Ungekanntes an die eigene Erfahrungsgeschichte anzuschließen. Dies geschieht durch das Generieren von Bedeutung im Leseakt." (Iser 1970, S. 195) „So machen wir mit jedem Text nicht nur Erfahrungen über ihn, sondern auch uns. Damit solche Erfahrungen wirksam werden können, darf sie der Text selbst nicht benennen." (Iser 1970, S. 196) Beim Lesen wird Unbestimmtheit durch Bedeutung ersetzt. An diesem Punkt wollen wir mit unserer Textarbeit ansetzen.

Das private Textverständnis des Schülers

Die oben beschriebenen Annahmen manifestieren sich konkret im unterrichtlichen Leseprozeß: Beim Lesen versucht der Schüler, den Text für sich selber zu verstehen, das heißt, er übersetzt ihn in seine eigene Alltagssprache. Dazu gehört auch, daß er Ereignisse, Bilder und Aussagen des Textes mit den eigenen Vorstellungen, Phantasien und Wertvorstellungen verknüpft. Beim privaten Lesen, wenn Lesen nur zur Unterhaltung oder Zerstreuung dienen soll, beschränkt sich Lesen auf diese Ebene. Wie Umfragen von uns bei Schülern gezeigt haben, bevorzugen sie privates Lesen eindeutig vor dem schulischen Lesen, da sie dabei Informationen aufnehmen können, die mit ihren eigenen Überzeugungen übereinstimmen (vgl. dazu Frank/Stephan 1979, S. 43). Diese Ersteindrücke werden nur selten mitgeteilt, oft sind sie auch nicht so deutlich, daß sie sprachlich erfaßbar sind. Gerade im Unterricht sind nun diese Prozesse, die beim Erstverstehen ablaufen, sehr schwer mitzuteilen. Ihre Bearbeitung wäre aber deshalb dringend notwendig, weil der Schüler durch sein eigenes subjektives Textfüllen und Gefügigmachen so stark festgelegt oder gefesselt werden kann, daß er für erweiterte, ergänzende oder korrigierende Verstehensebenen überhaupt nicht oder noch nicht aufnahmefähig ist. Bemühungen, im Klassengespräch oder in der Diskussion dieses Erstverständnis mitzuteilen, gelingen nur sehr bedingt: Zunächst vermitteln sie zu sehr den Zwang zum Suchen nach der einen gültigen Verständnismöglichkeit, nach dem richtigen Schlüssel zum Text. In der Regel werden die Schüler zwar aufgefordert, ihr eigenes unmitteilbares Verständnis des Textes zu äußern, also dazu, ihre privatesten Projektionen mitzuteilen. Die Schwierigkeiten und Widerstände, die sich dabei ergeben, liegen auf der Hand: In einem solchen Unterrichtsgespräch werden die Schüler sich nicht spontan, sondern häufig wertend und stellungnehmend, d.h. abgehoben von der eigenen Person, über das Gelesene äußern. Sie haben die Erfahrung gemacht, daß letztendlich auf ein bestimmtes (Interpretations-)Ziel hingearbeitet wird und daß dies nur möglich ist, wenn abweichende, d.h. vom vorgesehenen Ziel abweichende Äußerungen zur Sache und persönliche Meinungen zwar vorgebracht und vom Lehrer und der Klasse auch akzeptiert werden können, in der Regel jedoch nicht problematisiert, positiv verstärkt oder weiterverfolgt werden. Dies führt beim Schüler zwangsläufig dazu, daß er sich bemüht herauszufinden, was der Lehrer wohl am ehesten als Antwort erwartet, und diese Antwort auch zu geben, häufig unabhängig oder sogar gegen eigene Einsichten und Überzeugungen, da er ja über Jahre die Erfahrung gemacht hat, daß eine ‚richtige', was häufig nur bedeutet, eine vom Lehrer vorauserwartete, Antwort weiterverfolgt wird. So findet zumindest ein Teil der Schüler am einfachsten und vor allem am sicher-

sten Bestätigung und Erfolgserlebnisse.
Und ein weiteres, noch gravierenderes Element wird den Schüler in der Regel zurückhalten: Was sollte ihn veranlassen, seine privatesten Gefühle schutzlos mitzuteilen, zumal in einer Lernsituation, in der es „Falsches“ und „Richtiges“ gibt, ja sogar die Einordnung in eine Notenskala? Wer schützt ihn, wenn er sich dazu durchringen könnte, vor dem Mißbrauch oder Mißdeutung seiner Emotionen? Das daraus entstehende und durchaus verständliche Sichverschließen, der Verzicht auf die Äußerung seines privaten Textverständnisses hat jedoch gerade für die Literaturbearbeitung schwerwiegende Folgen: Entweder verdrängt der Schüler sein häufig differierendes subjektives Erstverständnis des Textes und schließt sich dem Fortgang der Interpretation an, die ihm angeboten wird. In diesem Fall verliert die Botschaft des Textes den Bezug zu den eigenen Erfahrungen und Emotionen. Oder ein Text bewirkt bei einem Schüler derart starke Reaktionen, daß er, da diese ja nicht öffentlich bekannt werden können und sich so der Bearbeitung entziehen, in ihnen gefangen bleibt und für andere Deutungen des Textes nicht mehr zugänglich wird. Unsere Erfahrungen, die wir mit dem Einsatz von Techniken des Rollenspiels gemacht haben, zeigen, daß sie geeignet sind, dieses Dilemma zu überwinden.

Ganzheitliches Erfassen von Texten

Um zu verdeutlichen, wo sich unser Ansatz grundlegend von herkömmlichen Literaturstunden unterscheidet, wollen wir aufzeigen, wo wir in der Bearbeitung eines Textes unsere Schwerpunkte setzen. Wir bemühen uns zunächst darum, das spontane Texterfassen des Lesers, das noch sehr subjektiv ist und sehr dicht an seine eigene Lebenserfahrung anknüpft, zur Grundlage der Erarbeitung zu machen. Wir gehen von den Unbestimmtheiten im Text aus, d.h. von denjenigen Stellen, die vom Autor nicht eindeutig definiert sind, und fordern den Schüler auf, die Projektionen, die an dieser Stelle bei ihm entstanden sind, in einer der möglichen Spielformen des Rollenspiels zum Ausdruck zu bringen. Dabei agiert der Leser nicht als er selbst, sondern in der Rolle dessen, der im Text handelt. Der Schüler bekommt also über die Rollenidentifikation die Möglichkeit, sich simulierend am Handlungsprozeß zu beteiligen und seine Teilnahme so darzustellen, daß sein Recht zur subjektiven Erfassung erhalten bleibt. Da der Schüler im Schutz der Rolle agiert und nicht als Person mit den in der Rolle geäußerten Ansichten und Empfindungen gleichgesetzt wird, kann er seine subjektiven Ansichten, Ängste und Emotionen artikulieren, ohne daß er sich – außer gegenüber sich selbst – dazu bekennen muß, inwieweit das von ihm Dargestellte mit seiner eigenen Person identisch ist. Wir glauben, daß unter diesem Schutz zunächst die subjektive Rezeption öffentlich gemacht und damit auch bearbeitet werden kann. Gleichzeitig bietet diese spielerische Form, die ja geradezu Subjektivität verlangt, die Gewähr dafür, daß differierende Meinungen, die als unterschiedliche Rollengestaltung zu Tage treten, nicht als besser oder schlechter, richtig oder falsch erscheinen, sondern zunächst nur als andere Möglichkeiten des Verständnisses. Als weiteren Vorteil sehen wir an, daß die dramaturgischen Techniken des Rollenspiels den Leser stärker in den Text hineinführen; sie bieten ihm die Möglichkeit des Miterlebens an. Durch die Forderung, sich handelnd in eine Person des Textes hineinzubegeben, werden seine empathischen Fähigkeiten weit stärker gefordert und gefördert als beim reinen Reden über einen Text oder dessen Personen.
Selbstverständlich sollen die subjektiven Einzelerfahrungen nicht absolut gesetzt, sondern zu reflektierten Erfahrungen erwei-

tert werden, die jedoch immer auf die Erfahrungen des Lernenden bezogen bleiben. Damit werden die ersten Erfahrungen mit dem Text erweitert. Dabei können sowohl die subjektiven Erfahrungen eines Einzelnen zur Verstehensbasis für viele werden, wenn sie mitgeteilt und als Gemeinsamkeit anerkannt werden, ebenso kann die Summe der individuellen Erfahrungen der übrigen Gruppenmitglieder durchaus zu einer Relativierung oder Veränderung des eigenen Primärverständnisses beitragen.
Wir haben im Lauf unserer eigenen Unterrichtsversuche ein Schema (vgl. S. 13) entwickelt, das zeigt, wie in drei Schritten von der ungefilterten und unreflektierten Erstverarbeitung eines Textes zu einer gemeinsamen, überindividuellen Textauslegung geführt werden kann. (Vgl. Kügler 1978, S. 31)

Die Möglichkeit, den Text zu verfehlen

Das Schema zeigt, daß ein subjektorientierter Ansatz im Umgang mit Texten durchaus auch Gefahren in sich birgt: So, wie die rein werkimmanente Interpretation Gefahr läuft, der Textanalyse Priorität einzuräumen und den Leser in seiner Bedeutung zu übersehen, kann es bei einem subjektorientierten, handlungsbezogenen Unterricht dazu kommen, daß die Lesereinfälle und die Befindlichkeiten des Lesers, die er mit seinen Assoziationen mitteilt, zum eigentlich interessanten Thema der Bearbeitung werden. In diesem Fall dient der Text nur der Bestätigung der eigenen Erfahrungen, er wird zum bestätigenden Spiegel der eigenen Person, ihrer Wünsche und Sehnsüchte. Die Orientierung an den persönlichen Interessen der Schüler bedeutet daher nicht, daß ein Lehrer dabei stehen bleiben soll. Ebensowenig kann jedoch auf diese Orientierung verzichtet werden, soll im Unterricht auch das der Bearbeitung zugänglich gemacht werden, was der Schüler bisher der Diskussion vorenthielt, obwohl es sich häufig um für sein Textverständnis entscheidende Reaktionen handelt. Subjektorientierter Unterricht erschöpft sich daher unserer Vorstellung nach nicht im Meinungsaustausch über persönliche Gefühle, Vorstellungen und Assoziationen, sondern diese Form des Unterrichts soll dem Schüler ebenso zu einer Auseinandersetzung mit Texten verhelfen, in der Erkennen, Analysieren, Wahrnehmen, Empfinden und Fühlen sinnvoll miteinander verbunden sind. Wir legen den Schwerpunkt unserer Darstellung von möglichen Unterrichtseinheiten nur deshalb so stark auf die Bearbeitung des subjektiven Rezeptionsanteils bei den Schülern, weil wir glauben, in diesem Bereich wirklich eine Erweiterung für die Textarbeit anbieten zu können; hingegen dürften die in unserem Schema als dritte Ebene der Textbearbeitung angesprochenen Formen, Ziele und Inhalte allen Kollegen bekannt sein.

Die Methode Rollenspiel im Literaturunterricht

Was ist Rollenspiel?

Im folgenden möchten wir die Methode Rollenspiel vorstellen und die wichtigsten Techniken in bezug auf die Erarbeitung von literarischen Texten aufzeigen. Im gesamten Lernprozeß der Schule und der außerschulischen Bildung wird das Rollenspiel zu einer zentralen Methode erfahrenden und handelnden Lernens in Gruppen. Unter dem Begriff Rollenspiel sind im Grunde alle Spielformen zu erfassen, in denen Menschen in angenommenen Rollen miteinander spielen, sei es nach einem vorgelegten Text oder spontan, sei es durch Einfühlen in

Schritte der literarischen Rezeption im Unterricht

1. Schritt: Erstverstehen – erstes Lesen

äußerer Prozeß	innerer Prozeß	Methode
a) erste Lektüre, unreflektierter Zugang	schweigender Nachvollzug, Projektionsbildung, Einfälle, Gefühlsaktivierung	leises Erlesen oder Vorlesen oder Erzählen
b)	Gedankliches Nachvollziehen, innere Simulation, Wahrnehmen der inneren Bilder	
c)	Verschiebungen und Verdichtungen geschehen, Unstimmigkeiten im Text durch Anbindung an die eigene Lebenswirklichkeit werden aufgehoben	

2. Schritt: Kollektive Bedeutungsherstellung – Intersubjektive Verständigung

a) Wiedergabe der Leseerfahrung auf subjektiver Ebene	Verbalisieren der Projektionen und Assoziationen, Überwinden der Hemmungen vor dem Mitteilen	Monolog, Dialog, Beiseitereden, leerer Stuhl
b) Vergleich mit anderen Bedeutungsvorschlägen	Überprüfen anderer Aussagen, Korrekturen, Angleichungen, Differenzierung des eigenen Standpunktes, Ablehnen, Syntheseversuche	alle Rollenspieltechniken
c) Ausarbeiten von weiteren Perspektiven für die weitere Lektüre	Einarbeiten neuer Informationen, Problematisieren der bisherigen Bedeutung	Informationen über Autor, Kontext, gesellschaftlichen Bezug u. a.

3. Schritt: Weitergehende Lesearten

a) Autor–Text–Leser, Text–Kontext, kritisches und ideologiekritisches Lesen	kognitive Auseinandersetzung, Kritik, Relativierung, Übernahme, Anwendung	Gespräch, Diskussion, Lektüre, Textproduktion, Gegentexte u. a.

das Problem und das Engagement am Problem. In unserem Zusammenhang verstehen wir unter Rollenspiel das gemeinsame Spiel in angenommenen Rollen, ohne vorgeschriebenen Text und ohne Publikum. Die Botschaft des Spiels ist nur für die spielende Gruppe wichtig; im Spiel werden gemeinsame Erfahrungen gemacht; Vorstellungen, die sprachlich mitteilbar sind, werden sichtbar verkörpert. Es ist ein Spiel ohne Zuschauer, jeder Teilnehmer ist potentieller Spieler, auch wenn er zeitweise in der Beobachterrolle ist. Die Überlegungen, ob es eine gute oder geglückte Darstellung war, treten hinter die Frage, was erlebbar war und welche Empfindungen das Spiel geweckt hat, zurück. Auch schauspielerische Fähigkeiten sind für diese Art zu spielen nicht notwendig. Viel wichtiger ist, Spielängste zu überwinden und sich dem handelnden Tun auszusetzen. Kostüme, Requisiten und Theateraufbauten sind eher störend. Sie können in der gemeinsamen Vorstellung fiktiv hergestellt werden.

Die Methode des Rollenspiels kann nun unter verschiedenen Zielperspektiven im Lernprozeß eingesetzt werden. Entscheidend ist, ob das Spielen für den Erkenntnisprozeß hilfreich ist. Oft kann eine Erfahrung nicht über die verbal vermittelte Vorstellung angeregt werden, sondern sie braucht Verkörperung und Nacherleben. Es ist also wünschenswert und lohnend, daß eine Gruppe die Methode des Rollenspiels so beherrscht, daß sie selbst bestimmen kann, wo handelndes Gestalten notwendig ist und wo Diskussion, Information oder nichtverbale Begegnung weiterführen.

In Klassen, mit denen wir gearbeitet haben, wurde das Rollenspiel in verschiedenen Fächern eingesetzt: beim sozialen Lernen, bei der Bearbeitung von Gruppenkonflikten, die sich im Schulalltag ereigneten, im Literaturunterricht, bei Trainungsangeboten zur Erweiterung der Kommunikationsfähigkeit und der Sprechgewandtheit, im Fremdsprachenunterricht, im Religionsunterricht, im Musik- und Kunstunterricht. Es lohnt sich, für die Einführung ins Rollenspiel Zeit aufzuwenden. Denn je sicherer die Schüler und die Lehrer im Umgang damit werden, desto ergiebiger sind Lernerfahrungen durch Rollenspiel.

Das, was Rollenspiel von anderen Lehr- und Lernformen unterscheidet, ist der Erlebnis- und Erfahrungscharakter. Es wird nicht über ein Geschehen gesprochen, das denkbar ist oder sich irgendwann einmal ereignet, sondern durch das Spiel geschieht Vergegenwärtigung und Verkörperung. Das bedeutet, die Zusammenhänge werden, zwar modellhaft, aber doch in ihrer Ganzheit rekonstruiert. Im Spiel wird sowohl der Innenaspekt (was erlebe ich, was fühle ich, was will ich und was nehme ich wahr in dieser Rolle) als auch der Außenaspekt (wie werde ich durch die Außenverhältnisse, das Verhalten der anderen gelenkt, wie nehme ich sie wahr, wie kann ich meine Interessen darstellen) eines Geschehens rational und emotional wahrgenommen. Das eröffnet zweifellos große Lernbereiche, fordert aber auch vom Spieler den Einsatz seiner ganzen Person, seines Denkens, Fühlens und Tuns. Das ist im Rahmen der Schule ungewohnt und anstrengend. Der Umgang mit dem Rollenspiel fällt darum auch vielen Schülern und vielen Lehrern sehr schwer. Er kann auch ohne eine Einführung kaum gelernt werden. Für die Lehrer, die an unseren Versuchen teilnahmen, war ein Einführungskurs, in dem sie selbst mit den Methoden vertraut wurden und eigene Erfahrungen mit dem Medium machen konnten, sehr wichtig. Dies kann auch in Gruppen an der Schule geschehen.

Spielverlauf

In der Regel läßt sich der Prozeß eines Rollenspiels in drei Phasen einteilen:

1. Die *Anwärmphase,* in der die Teilnehmer zu dem gemeinsamen Spiel angeregt werden; sie sollen Zutrauen zu den Gruppenmitgliedern gewinnen und Interesse am Spielproblem entwickeln.
2. Die *Spielphase*
3. Die *Reflexionsphase*

Die Anwärmphase

In der Rollenspielliteratur gibt es hierfür ganz spezielle Spiele und Übungen, die Warm-ups genannt werden. Dies können Bewegungsspiele sein, die die Spieler lokkern und den Körper entkrampfen.
Die Teilnehmer der Gruppe erhalten Aufträge, und die Gruppe soll erraten, was sie durch Gesten und Gebärden darstellen: Auf einer Karte könnte stehen: „Du gehst einen Bürgersteig entlang und siehst etwas auf dem Boden liegen. Du bückst Dich, nimmst es in die Hand und siehst es Dir an. Wir müssen aus dem, was Du mit dem Gefundenen machst, raten, was es ist." (Oaklander 1981, S. 174)
Es können aber auch einfache Kreisspiele sein, bei denen jeder Teilnehmer nur eine kleine Aufgabe zu erfüllen hat. Mit ihr tritt er nun in Beziehung zur Gruppe und zu einem anderen Teilnehmer: z.B. Wünsche äußern und verweigern. Ich wünsch mir von Dir ...
Die Gruppe sitzt im Kreis. Ein Teilnehmer geht im Kreis herum, dann bleibt er bei einem anderen stehen und bittet ihn um irgend etwas. Das kann ein konkreter Gegenstand sein, es kann auch ein gemeinsames Beginnen sein oder eine seelische Hilfe. „Ich bitte Dich um Dein Fahrrad, um einen Spaziergang, um Unterstützung bei meinem Vorhaben, um mehr Freundlichkeit etc." Der andere kann fragen, verhandeln, Bedingungen setzen. Das Gespräch soll aber kurz sein.
Spielfreudige Schüler kann man auch in einen Zauberwald, auf eine mittelalterliche Burg, eine verlassene Insel, in eine Bar mitnehmen, die sie als Phantasiegestalten betreten dürfen, und in den angenommenen Rollen wird nun ein gemeinsames Spiel entwickelt. (Vgl. Oakländer, Gudjons, Freudenreich, Vopel u.a.)
Bei der Arbeit mit literarischen Texten genügt oft die Hinführung zum Text oder zum Problem des Textes. Die Anwärmspiele müssen in das erlebende Handeln hineinführen. Es besteht für Anfänger die Gefahr, daß der Anwärmprozeß lustiger als die Bearbeitung des Textes wird und damit dem eigentlichen Vorhaben Bedeutung nimmt.

Die Spielphase

Das Problem wird klar definiert, die Ausgangssituation möglichst anschaulich und textnah beschrieben. Die Spieler werden ausgewählt, und durch Hilfen wie Monologe, Fragen, Bildprojektionen wird mit ihnen und der Gruppe eine Vorstellung von ihrer Rolle erarbeitet. Die Vorstellung muß für die Spieler und für die Gruppe ähnlich sein. Ein Rollenspiel dauert in der Regel 4 bis 6 Minuten. Es wird dann mit anderen Spielern wiederholt. Gelegentlich kommt es auch vor, daß nur die Rollen vertauscht werden, z.B. wenn Mutter und Kind miteinander gespielt haben oder Lehrer und Schüler, Herr und Knecht etc.

Die Reflexionsphase

Zum Rollenspiel gehört auch das Nachsinnen über das Erleben im Spiel. Zunächst berichten die Spieler, wie sie sich in der Rolle gefühlt haben, wie der Schüler X über sich als Vater gedacht hat, was er dabei erlebt hat und wie seine Gefühle den anderen Spielern gegenüber waren.
In der Reflexionsphase werden auch Bezüge zur eigenen Erfahrung hergestellt: Aussagen wie „Ich kenne das Gefühl von Peter Weiß, ‚nicht versetzt' zu sein, allerdings war damals kein Fritz W. bei meinen Eltern"

oder: „Ich konnte zum ersten Mal anderen meine Gefühle mitteilen, die ich hatte, als ich nicht versetzt wurde", machen deutlich, daß Erinnerungen wach werden, also auch persönliche Bearbeitung geschieht, ohne den Bezug zum Text zu verlieren (vgl. Unterrichtsvorschlag zum Text von P. Weiss, S. 68ff.).

Die Beobachter berichten, mit wem sie sich identifizieren konnten, was sie beobachtet haben, welche Gefühle sie dabei hatten und was sie ähnlich oder anders gemacht hätten. Wertungen sollen dabei vermieden werden, besonders Vorschriften wie „Du hättest es ganz anders machen müssen" gehören nicht zur Reflexion.

Recht häufig schließt sich an die Reflexion eine neue Spielphase an, in der Einfälle der Beobachter in Handlung umgesetzt werden. Dabei können auch völlig neue Aspekte aufgenommen werden.

Die Reflexionsphase schließt in der Regel mit der Hinwendung zur Realität der Teilnehmer ab. Die Frage: „Wer hat schon ähnliches erlebt?" oder: „Wer fühlte sich an Dinge erinnert, die ihm auch schon passiert sind?" (... die er sich schon gewünscht hat, befürchtet hat) setzt die simulierte Handlung in bezug zur Alltagswirklichkeit des Schülers. Oft erwächst aus diesem Austausch auch gegenseitiges Verstehen in der Gruppe.

Die Instrumente des Rollenspiels

Hilfsmittel sind notwendig, damit es zu dem gemeinsamen Spiel über ein vorgestelltes Problem in angenommenen Rollen kommen kann.

Wichtige Elemente des Rollenspiels, die auch für das Theater und das Psychodrama Voraussetzungen sind:

- Der Spielraum, die Bühne oder der leere Halbkreis.
- Der Spielanlaß, der der Gruppe vertraut sein muß und der in einer konkreten Handlung vorstellbar sein muß. Beim Versuch, Textverstehen durch Rollenspiel zu fördern, ist der Text Ausgang der Spielhandlung und Spielanlaß.
- Die Spieler, die den Vorgang rekonstruieren. Dabei betrachtet sich die ganze Gruppe als Spieler, weil die Rollen ständig wechseln.
- Die dramaturgischen Techniken, die den Erfahrungs- und Erlebnisbereich der Spielhandlung über Alltagserfahrungen hinaus erweitern und damit neue Verstehensmöglichkeiten des eigenen Alltags und der eigenen Person erschließen. Dazu gehören Techniken wie der Monolog, der Dialog, das Alter-Ego in der Technik des Doppelns u.a.
- Der Rollenspielleiter, der wie ein Dramaturg die Regieführung übernimmt und für die Gestaltung des Prozesses, für den Bezug zum Thema und für die Gruppe verantwortlich ist. Der Rollenspielleiter bestimmt den Beginn, den Abbruch einer Spielszene und regt auch den Einsatz der Techniken an.
- Die Gruppe der Spielenden sollte miteinander emotional verbunden und miteinander vertraut sein, so daß sie für die neuen Erfahrungen Raum und Schutz gewährt. Oft ist es notwendig, daß sich die Teilnehmer einer Gruppe zunächst einmal kennenlernen. Dabei können Interaktionsspiele und Bewegungsübungen helfen (vgl. Fritz 1980, Stanford 1980, Vopel 1981).

Die Bühne

Im allgemeinen genügt es, in einem offenen Halbkreis zu sitzen, so daß die Öffnung des Kreises als Spielebene benützt werden kann. Sehr wichtig ist es aber, daß der Raum, in dem gespielt wird, und der Raum, in dem beobachtet wird, streng voneinander getrennt bleiben. Es darf nicht vom eigenen Platz aus gespielt werden, auch wenn der Anteil am Spiel sehr klein ist. Wenn Rollentausch stattfindet, müssen die Plätze gewechselt werden. Zeyde-Margret Erdmann, eine Lehrerin des Rollenspiels, benützte einen runden Teppich als Bühne; betrat der Schüler den Teppich, spielte er in seiner Rolle. Requisiten sind im allgemeinen nicht notwendig, höchstens, wenn wir ganz bewußt mit Masken oder Puppen spielen wollen. Um aber trotzdem zu einer gemeinsamen Vorstellung über den Ort des Geschehens zu kommen, muß er von einem Spieler so genau beschrieben werden, daß alle Beteiligten ein ähnliches Bild entwickeln.

Ort und Zeit der Handlung

Arbeiten wir mit literarischen Texten, so werden Ort und Zeit der Handlung durch den Text bestimmt. Dabei geschieht es in der Regel, daß der gleiche Text in den Spielern unterschiedliche Vorstellungen auslöst. Diese Vorstellungen sollten so konkret geschildert werden, daß immer wieder andere in die gleiche Szene einsteigen können, z. B. zur gleichen Tür hereinkommen und an das gleiche Fenster treten. Dazu helfen Fragen, wie: Wo bist du? Beschreibe das Zimmer, wo steht der Sessel, wo ist die Tür, wo sind die Fenster, wo hängt die Lampe, sind Blumen drin? etc. Ist es hell, wie riecht es, fühlst du dich beengt? . . . Mit diesen Fragen sollen in den Spielern Vorstellungen über den Ort der Handlung geweckt werden.
Auch die Zeit, in der gespielt wird, muß für alle dieselbe sein. Das Spiel gibt die große Freiheit, das Jetzt übersteigen und in die Zukunft oder in die Vergangenheit, die persönliche oder die überpersönliche, hineinzusteigen. Es braucht dafür jedoch eine Übereinkunft. Die gemeinsamen Vorstellungen über Ort und Zeit des Geschehens sollen behutsam und langsam erarbeitet werden.

Der Spielanlaß – das Spielproblem

Im Rollenspiel in der Schule kommt der Spielanlaß gewöhnlich von außen, er wird – wie bei unseren Unterrichtsbeispielen – von Texten bestimmt. Im Psychodrama dagegen hat er seine Wurzel in der individuellen Problematik eines Teilnehmers, der die Gruppe bittet, mit ihm zusammen daran zu arbeiten.
Bevor das Spiel beginnen kann, muß das Problem so konkret begriffen worden sein, daß es in Handlung umgesetzt werden kann. Zwei Gefahren sind dabei zu beachten: Es muß so allgemein sein, daß sich die Spieler wiederfinden können, und es muß so konkret sein, daß es spielbar wird. Die Ausgangslage darf aber den Spielverlauf nicht von vornherein in eine ganz bestimmte Richtung verweisen.
Manchmal bleibt die Gruppe bei der Definition der Ausgangssituation unnötig lange hängen. Wenn dann noch Bemerkungen hinzukommen, wie „das bringt doch nichts, das weiß man auch so, das löst man besser im Gespräch“, dann kann man auf Ängste vor dem Spiel schließen. Es ist dann oft besser, selbst mit einem Monolog oder mit einem Dialog mit einem Schüler zu beginnen, als zu versuchen, die Notwendigkeit des Rollenspiels zu begründen. Die Schwellenängste nehmen sonst zu, und die Zeit geht dabei verloren. Die Spielfreude ist in den einzelnen Klassen sehr unterschiedlich ausgeprägt. Oft ist es notwendig, wieder Interaktionsübungen und Aufwärmspiele anzubieten, die nur geringe Anforderungen an die Schüler stellen und die vorwiegend Spaß machen.

Wahl der Spieler

Die Wahl der Spieler geht in den verschiedenen Klassenstufen recht verschieden vor sich. In Grundschulklassen melden sich meist sehr viele Schüler zum Spiel, und es macht Mühe, die Abgelehnten zu beruhigen. Die Schüler in den oberen Klassen müssen

zum Spiel gebeten werden. (Besonders groß sind die Hemmungen in der Arbeit mit Kollegen.)
In den Grundschulklassen fordern wir deshalb die Schüler nicht mehr auf, sich zu melden, sondern wir lassen das Los entscheiden oder zählen durch Auszählverse die Spieler aus. Dann fühlt sich niemand zurückgestoßen. Die Stars können leichter in die Beobachterrolle gehen. Bei älteren Schülern und bei Erwachsenen muß das Zögern ausgehalten werden.

Rollenbeschreibungen der Spieler – die Rollenerarbeitung

Die Spieler sollten sich langsam in ihre Rollen einarbeiten. Wir verwenden dafür häufig die Technik des Monologs, der durch Fragen unterbrochen wird. Z.B. (bezogen auf „Nicht versetzt" von P. Weiß) stellt sich der Schüler Peter vor: „Ich bin Peter W., komme aus der Schule, habe soeben erfahren, daß ich nicht versetzt wurde, usw." Der Spielleiter kann dann fragen: „Wie alt bist du? Wo wohnst du, was sind deine Eltern, wie ist dein Verhältnis zur Schule?" usw. Wenn Angaben im Text stehen, dann definiert sich dadurch die Rolle, sonst bedarf es der Ergänzungen und Festlegungen durch den Spieler. Bei der Textbearbeitung können die Festlegungen zwar vom Kontext abführen, zu anderen Schlüssen als der Text führen, sie machen aber die Vorstellungen, die der Leser von den unbestimmt beschriebenen Figuren hat, konkreter. Gelegentlich müssen auch Korrekturen durch den Spielleiter, der auf den Text verweist, angebracht werden.
Der Spielleiter muß darauf achten, daß auch Nebenrollen sorgfältig erarbeitet werden. Die Erarbeitung ist in mehrerer Hinsicht wichtig. Sie dient vor allem dem Spieler, sich selbst emotional und informierend in die Rolle hineinzuspielen. Er erfährt dabei, wer er ist, das heißt, in der Regel sagt er sich selbst, wer er ist. Spieler von Nebenrollen erhalten oft über den Text oder die Problembeschreibung weniger Anweisungen, deshalb brauchen sie Hilfe bei der Rollenbearbeitung. Zudem hat die Vertiefung in die Rolle anderer Menschen einen hohen Wert für das Lernen von Einfühlen, von Empathie. „Urteile nicht über deinen Nächsten, bevor du nicht eine Meile in seinen Mokassins seiner Spur gefolgt bist" sagt ein indianisches Sprichwort. So kann auch der Versuch, sich in die Rolle eines andern einzufühlen, das Verständnis für den anderen und das Selbstverständnis vertiefen.

Die Rollenspieltechniken

In unserer Arbeit setzen wir auch Rollenspieltechniken ein, die vom Theater und der Psychodramaarbeit entwickelt wurden. Dies sind Monolog, Dialog, Doppeln, Rollentausch und Rollenwechsel.

Der Monolog oder das Selbstgespräch

Selbstgespräche kennt fast jeder als Zwiesprache mit sich selbst, mit einem vorgestellten Partner oder als lautes Denken.
Im Rollenspiel haben Monologe mehrere Funktionen, es kommt dabei auf den Zusammenhang an, in dem sie eingesetzt werden. Wo auch immer im Spiel Monologe geführt werden, haben sie eine Doppelfunktion. Sie helfen zunächst einmal dem Spieler, in Beziehung zu sich selbst zu kommen. Er braucht niemand Antwort zu geben und auf keinen Einwand zu hören; deshalb gewinnt er im Monolog Zeit, sich zu äußern, und die Freiheit, dies ohne Bezugnahme auf andere zu tun. Im Monolog kann der Spieler in Beziehung zu seinen eigenen Gefühlen, zu seinen Vorstellungen und zu seinen Absichten kommen, die vielleicht noch vage und sprachlos in ihm wirksam sind.

Monologe entlasten oft auch von Konventionen. Man spricht ja nur zu sich und über sich und braucht deshalb weniger Rücksichten auf andere zu nehmen. Fassaden können durchbrochen und tiefere Einsichten erfahren werden. Oft machen die Monologe den Spieler und die Mitspieler betroffen, weil der Spieler stärker in Kontakt zu seinen Gefühlen kommt, auch an verschüttete oder verhüllte Bereiche der Persönlichkeit gerät, denen er Ausdruck verleihen kann. Der Spieler ist sich zugleich aber auch bewußt, daß er zur Gruppe spricht, daß er Anteil nehmen läßt an seinem inneren Geschehen und die anderen darüber informiert. Monologe im Drama greifen diese Doppelfunktion als stilistisches Mittel auf.
Beispiele für Einführungsmonologe:
„Ich bin Antonella, ich komme aus Italien, aber meine Eltern arbeiten hier. Ich muß auch hier zur Schule gehen. Aber ich gehe nicht gern in die Schule, ich habe Angst, ich verstehe so wenig Deutsch und die Kinder sind nicht sehr freundlich zu mir ..." („Antonella")
„Eigentlich wollte ich ins Kino gehen, ich hatte zwei Groschen dafür, und ich habe mich so auf den Film gefreut. Ich war schon lange nicht mehr dort ..." („Der hilflose Knabe")
Monologe können auch das Spiel abschließen. Der Spieler reflektiert im Selbstgespräch über das Geschehen. „Ich versteh nicht, warum mir der feine Herr das Geld weggenommen hat. Ich versteh das wirklich nicht, wo ich ihm doch alles erzählt habe." („Der hilflose Knabe")
Oder der feine Herr: „Ob der Junge verstanden hat, was ich ihm sagen wollte, ich habe es ihm doch deutlich genug gemacht, daß er sich wehren soll, daß er schreien muß, damit alle hören, was ihm geschehen ist." Eventuell kann hier auch Herr Keuner einen Monolog halten, in dem er deutlich macht, was er mit seiner Geschichte mitteilen wollte: „Ich will nicht, daß die Menschen nur wehleidig ihr Unglück betrachten und alles Unglück schlucken, sie sollen ..." („Der hilflose Knabe")
Monologe können auch das Spiel unterbrechen, um die Differenz zwischen Handlungsebene und Denkebene deutlich zu machen. Hier ein Beispiel aus Max v. d. Grüns „Masken": Renate teilt Erich mit: „Ich bin jetzt Leiterin eines Textilversandhauses". Das Spiel wird unterbrochen, und Renate wird um einen Monolog gebeten, der den Hintergrund verdeutlicht.

Wie werden Monologe durchgeführt?

Den meisten Menschen sind Selbstgespräche aus dem Alltag vertraut. Auch Kinder kennen diese Form des Umgangs mit sich selbst, und sie sind leicht bereit, sich im Monolog zu artikulieren. Ungewohnt dagegen ist die laute Äußerung dieser Redeform. Der Spielleiter muß um Monologe bitten oder Monologe anbieten, weil die Spieler stärker auf konventionellen, partnerbezogenen Dialog ausgerichtet sind.
Bei der Bearbeitung von Texten führen wir oft über Bildvorstellungen, die der Text anbietet, in die Situation hinein und bitten dann die Spieler um einen Monolog: „Stell dir vor, du seist Antonella. Du stündest abseits auf dem Schulhof, du bist zehn Jahre alt, in Italien groß geworden." Hier bleibt die Subjektivität der Äußerung immer bewußt, man kann nichts Falsches und nichts Richtiges sagen, man kann die Situation nur nachfühlen und die inneren Bilder in Worte umsetzen.

Dialoge

Dialoge im Rollenspiel unterscheiden sich von realen Dialogen wenig. In der Rollenspielsituation können auch Dialoge mit fiktiven oder historischen Personen oder mit Personen, die in der Zukunft erwartet werden, geführt werden. Dialoge sind wohl die leichteste Kommunikationsform. Anfangs geben sie am meisten Sicherheit. Sie führen aber auch, weil sie der Alltagskommunikation am nächsten sind, nicht immer sehr tief in das Erleben hinein. Im Dialog werden die Konventionen stärker wirksam als im Monolog.

Die Doppelgängermethode

Im Psychodrama gehört die Doppelgängermethode zu den wirksamsten Methoden. Sie hilft dem Patienten, seine Gefühle zu erkennen und anzunehmen. Mit Hilfe der Doppelgängermethode lernt der Spieler oft auch, abgewehrte, bedrohliche Aspekte seiner Persönlichkeit zu akzeptieren.
Beim Doppeln steht eine andere Person hinter dem Spieler. Sie versucht zunächst still abwartend, sich in den Spieler einzuspüren, zu begreifen, was im Spieler abläuft. Das kann oft längere Zeit dauern. Es ist dabei hilfreich, die Haltung, die Gebärden, die Gesten des Spielers nachzuahmen, doch so, daß dies nicht als Karikatur empfunden wird, sondern zur Einfühlung beiträgt.

- Das Doppel kann dem Spieler einfach helfen bei der Gestaltung der Rolle, ihm Stichwörter geben, Sprechansätze vervollständigen oder angefangene Sätze weiterführen. Dabei kommt es vor allem auf die emotionale Unterstützung an, die dem Spieler Sicherheit gibt, so daß er im Spiel mehr riskiert und sich weiter aus sich herauswagt.
- Das Doppel kann auch dem Spieler zu neuen Aspekten verhelfen, indem es Angebote macht oder andere Deutungen anbringt. Dabei soll es sich aber nur als Türöffner und nicht als Gestalter der Rolle verstehen.
- Die einfühlende Funktion ist für jüngere Spieler nicht leicht. Beim einfühlenden Doppel artikuliert die dahinter stehende Person Gefühle, Empfindungen, die der Spieler unter dem Druck öffentlichen Handelns im Dialog nicht wahrnimmt. So wenn der Spieler sagt: „Ich weiß nicht, was ich tun soll ...“, kann das Doppel sagen: „weil ich Angst vor dir habe“ oder „weil ich zornig bin“ oder „weil ich mir so klein und nutzlos vorkomme“, je nach Botschaft, die er vom Spieler erhält, und nach dem Kontext des Spielzusammenhangs.

Die Verbalisierung kann auch falsch sein. Dann kann sich der Spieler dagegen wehren; er lernt dadurch, seine eigenen Empfindungen wahrzunehmen. Auch hier muß das Doppel sich vor der Gefahr hüten, mehr wissen zu wollen als der Spieler oder den Spieler besser zu verstehen als dieser es tut. Im allgemeinen wird die Funktion des Doppelns sehr positiv wahrgenommen. Das Doppel hilft dem Spieler, sich selbst zu spüren, die eigenen Gefühle ernst zu nehmen und sie mitzuteilen. Darin sind viele Leute nicht geübt. Es geht ihnen wie dem kleinen Jungen, der seine Mutter einen Vormittag mit seiner Klage: „Mir ist es so langweilig“ tyrannisierte. Später stellte sie fest, daß das Kind fieberte und Kopfschmerzen hatte, aber für diesen Zustand keine Beschreibungsmöglichkeiten hatte.
Für das Psychodrama stellt Grete A. Leutz fest: „Wichtig für die Praxis des Psychodramas ist die auffällige Tatsache, daß der Protagonist den zutreffenden Äußerungen des Doppelgängers, der im Unterschied zu anderen Menschen nicht als ein Du, sondern als ein Ich erlebt wird, keinen Widerstand entgegenzusetzen pflegt, sondern sie akzeptiert und im eigenen Monolog weiter ausführt.“ (Leutz 1974, S. 46)
Moreno leitet die enge Verbundenheit, die sich zwischen dem Spieler und dem Doppel entwickelt, aus den früheren Erfahrungen im Umgang mit der Mutter ab. Sie wurden erworben, als das Kind sich noch eins mit ihr fühlte und sich von ihr vertreten lassen konnte. Daraus würde sich auch erklären, daß die einzelnen Spieler mit der Hilfe in unter-

schiedlicher Weise zurechtkommen. In der Regel wird das Doppel dankbar angenommen und nicht als Belehrung oder als Kritik verstanden. Das Doppeln im Psychodrama erfordert sehr viel Einfühlung und Wachheit. Es ist eigentlich nicht notwendig, daß die Person, die doppelt, viel vom Spieler weiß, sie muß aber bereit sein, in sich hineinzuhorchen, jedoch eigene Gefühle und vor allem eigene Ziele zurückzustellen und sich dem Spieler zur Verfügung zu stellen mit der Sprache und dem Gefühl. Das können Kinder und Jugendliche noch nicht, Wir zögerten deshalb lange, diese Technik überhaupt im Bereich des Rollenspiels anzubieten. Sie hat hier aber durchaus ihren Sinn. Durch das Doppel können unsichere Schüler eine Stütze erhalten, um ihre Rolle auch sprachlich zu gestalten. Sie brauchen nie Angst zu haben, sie könnten nicht mehr weiter wissen oder nicht die richtigen Worte finden.

Das hilft vor allem Schülern, die nur gebrochen Deutsch sprechen. Wir haben auch staunend erlebt, wie einfühlend und stützend manche Kinder sein können. Oft wird die Versprachlichung von Gleichaltrigen angemessener geleistet als von Erwachsenen. Das Angebot zu Doppeln in der Klasse hat auch noch einen weiteren Gewinn. Es ist eine angemessene Methode im Unterricht, sich gegenseitig zu unterstützen und wirkungsvoll zu helfen. Es ist uns sehr wichtig, im Unterricht Aufgaben zu finden, bei denen die Schüler einander ihre Kompetenz zur Verfügung stellen können, ohne den Empfänger in die Rolle des Opfers oder des Abhängigen zu bringen. In der Doppelgängermethode liegt eine solche Möglichkeit. Wir erlebten in einer Klasse, wie ein scheuer, sprachloser Junge vom beliebtesten Mädchen in der Klasse gedoppelt wurde. Beide zogen Gewinn daraus. Der Junge konnte die Hauptrolle spielen, und das Mädchen konnte alle seine Einfälle einbringen. Wichtiger war aber noch die Erfahrung, die beide in ihrer Kommunikation machen konnten. Der Junge bedankte sich bei dem Mädchen und sagte mehrmals: „Es war so schön, daß wir zusammenspielten.“ Später meldete er sich häufiger und wurde auch immer wieder von seiner Klassenkameradin unterstützt. In der Klasse muß man auch die gruppendynamische Situation mitbeachten. In der Regel spielen die Schüler gerne, sie freuen sich an der eigenen Darstellung und entwickeln Ideen zur Gestaltung der Szene. Über die Methode des Doppelns bleiben auch Schüler aktiv im Prozeß, die sonst gekränkt wären, weil sie nicht Hauptrollen spielen dürfen. Sie können aktiv in den Verlauf eingreifen, stören dabei nicht, sondern helfen bei der Gestaltung mit. Wir schreiben der Methode des Doppelns im Rollenspiel einen erzieherischen, motivierenden Wert zu, keinen therapeutischen. Die aufdeckende Funktion oder die Konfrontation mit abgewehrten Gefühlen wird im pädagogischen Rollenspiel kaum wahrgenommen.

Wie wird das Doppel eingeführt?

Die Methode des Doppelgängers muß eingeführt werden. Die Schüler müssen mit der Technik vertraut sein, und sie müssen auch Hilfen bekommen, wie sie als Spieler mit der Unterstützung umgehen können. Sie müssen lernen zu entscheiden, wann sie Doppeln ertragen wollen, wann sie darum bitten wollen und wann sie die Hilfe ablehnen, weil sie ihnen im Augenblick nichts nützt.

Vorübungen um die Technik zu erlernen

1. Übung

In dieser Übung lernen die Schüler, Einstellungen und Erwartungen anderer zu akzeptieren.

Die Schüler teilen sich in Paare auf. Auf einen Zettel schreibt jeder Teilnehmer zwei Eigenschaften, die er an sich selbst schätzt, und zwei Eigenschaften, die er an sich ablehnt. Wenn sie dies aufgeschrieben haben, tauschen sie die Zettel. Nun spricht einer der Partner über die Eigenschaften des anderen so als ob es seine eigenen Eigenschaften wären. Z.B. „Ich mag nicht, daß ich so schüchtern bin ..." steht auf dem Zettel, und der Partner begründet und beschreibt die Situation. „Ich fühle mich unter fremden Menschen nicht wohl, ich werde so leicht rot und stottere, es fällt mir nichts zu reden ein ..." Später kann der, der geschrieben hat, sagen, ob er sich von seinem Partner verstanden gefühlt hat, abgelehnt oder gar verspottet. Die gleiche Übung kann auch im Kreis gemacht werden. Es kommen weniger Schüler dran, aber der Prozeß ist kontrollierbarer.

2. Übung
In dieser Übung lernen die Schüler, sich in abgelehnte Verhaltensweisen einzufühlen.
Die Gruppe sitzt im Kreis. Jeder schreibt Verhaltensweisen oder Eigenarten auf, die er an sich nicht mag. Er gibt den Zettel in den Kreis. Anschließend fischt sich wieder jeder einen Zettel heraus und versucht, sich mit dieser Eigenschaft, die nicht von ihm beschrieben wurde, zu identifizieren und darüber zu monologisieren, so als ob es eine Eigenschaft von ihm wäre.

3. Übung
Innere Stimme (Nickel 1972)
Zwei Spieler, die einander gegenüber sitzen, führen eine Konversation miteinander. Hinter ihnen stehen ihre „inneren Stimmen". Sie erläutern jeweils, was mit den Worten gesagt werden soll, sie versuchen, die Worte zu verdeutlichen, aber nicht zu interpretieren. Das Spiel muß ganz geregelt ablaufen, so daß Spieler A anfängt, er wird von der inneren Stimme A kommentiert, dann kommt Spieler B, der von seiner inneren Stimme B kommentiert wird.

4. Übung
Sich in Gegenstände einfühlen, sich verwandeln. Die Spieler sollen sich in ein Objekt, ein Tier oder ein zauberhaftes Wesen eindenken und dann versuchen, so zu sprechen, sich zu geben und zu reden, in Kontakt zu treten mit anderen Wesen, wie sie es sich für dieses Wesen vorstellen.

Ambivalenzdoppel – Verdeutlichen eines Konflikts
Hinter dem Spieler stehen zwei Personen. Sie stellen die inneren Stimmen dar, die im Widerspruch zueinander stehen. Das wird dann sinnvoll, wenn der Spieler in sich einen Konflikt spürt. Ein Alter-Ego vertritt nun alle Argumente, die in eine Richtung der Konfliktbewältigung gehen (Nimm doch das Geld, du brauchst es doch, es ist so wenig, es wird niemand merken, du kannst dir etwas leisten usw.), die andere innere Stimme dagegen vertritt den gegenteiligen Aspekt (Laß doch das Geld liegen, du wirst doch niemand etwas wegnehmen, dafür bist du dir zu schade, es wird sicher sofort herauskommen, und du hast nichts als Ärger usw.)
Die beiden Doppelgänger müssen sich eindeutig an ihre Aufgabe halten, sie dürfen auch nicht durcheinander reden, sonst wird der Spieler verwirrt.
Der Spieler soll am Ende eine Entscheidung zwischen seinen beiden „inneren Stimmen" treffen, die er dann selbst in einem Monolog begründet. Dadurch kann der Prozeßcharakter von Entscheidungen deutlich werden, die sich sonst nur als Mitteilungen von Ergebnissen artikulieren lassen. Auch der Spieler kann sich über den eigenen Prozeß bewußter werden.

Rollenwechsel
Die gleiche Szene wird von verschiedenen Spielern gespielt. Es wird deutlich, daß jede Person die Szene anders interpretiert und

gestaltet. Dabei kommen die subjektiv bestimmten Verarbeitungen ebenso zum Ausdruck wie die vielfältigen Möglichkeiten des Verstehens. Der Rollenwechsel dient auch dazu, möglichst viele Schüler am Spiel zu beteiligen. Die Szenen sind in der Regel sehr kurz, so können viele Schüler ihre Ansätze darstellen.

Rollentausch

Im Rollentausch wird die Szene von den gleichen Spielern noch einmal gespielt, sie tauschen aber ihre Rolle untereinander. Wer vorher den Knecht spielte, spielt anschließend den Herrn und umgekehrt. In der Wiederholungsszene erleben die Spieler, wie ihr Verhalten vorher auf den Partner gewirkt haben muß. Besonders wirkungsvoll wird der Rollentausch, wenn Szenen des Alltags im Spiel rekonstruiert werden. Z. B. wenn Lehrer und Schüler zunächst ihre reale Situation spielen, dann aber die Rollen tauschen und sich jetzt in der Rolle des anderen erleben. Das bedeutet ganz wörtlich „sich mit den Augen des anderen sehen". Beim Konfliktlernen ist Rollentausch eine sehr wirkungsvolle Methode, um die Einfühlung in den anderen anzuregen. Anfangs fällt dies schwer, denn zum einen hat man eine Scheu, sich mit dem anwesenden Partner zu identifizieren, zum andern wird auch deutlich, daß man den anderen nur ungenau wahrgenommen hat.

Es gibt noch viele andere Rollenspieltechniken, die im Psychodrama und in der Theaterpraxis entwickelt wurden. Auch wenn sie vielfach aus dem Therapiebereich stammen, haben sie sich auch beim schulischen Lernen bewährt und führen zu einer tieferen Betroffenheit und einem ganzheitlichen Erfassen der Zusammenhänge. Moreno schreibt über die Techniken: „Viele psychodramatische Methoden, wie seltsam und phantastisch sie auch erscheinen mögen, können zurückverfolgt werden auf die Sitten und Gebräuche alter Kulturen. Sie werden bereits in den Fabeln und Märchen der Weltliteratur erwähnt. So ist z.B. die Spiegelmethode in Shakespeares Hamlet beschrieben, die Doppelgängermethode in Dostojewskis Roman ‚Der Doppelgänger', die Traummethode in Calderons Stück ‚La vida es suono' (Das Leben ist ein Traum), der Rollenwechsel in den Sokratischen Dialogen. Ich habe sie nur wiederentdeckt und psychotherapeutischen Zielen angepaßt." (Moreno 1973[2], S. 99)

Aufgaben des Spielleiters

In den Anfangszeiten, als wir Rollenspiel in Gruppen einführten, unterlagen wir der Vorstellung, Rollenspiel als subjektorientiertes, schülerzentriertes Medium könnte auf eine Leitung verzichten. Nach der Regel: „Jeder ist für sich selbst verantwortlich" glaubten wir, daß jeder auch Leitungsfunktionen wahrnehmen könne, wenn es die Situation der Gruppe erfordere. Heute wissen wir, daß Rollenspielgruppen eine klare Leitung brauchen, die für das Gleichgewicht von individuellen Bedürfnissen, von Beziehungen der Gruppenmitglieder untereinander und für die Konzentration auf das gemeinsam vereinbarte Thema verantwortlich ist. Je unkomplizierter die Gruppenstruktur ist, um so mehr Freiheit entsteht für den Einzelnen, und der Gruppenleiter kann sich ganz der Organisation der Spielprozesse zuwenden. Dafür ist zunächst einmal wichtig, daß der Spielleiter selbst gerne spielt, daß er die eigenen Barrieren und Hemmungen wahrgenommen und bearbeitet hat. Er muß zudem über Sachwissen und über Kenntnisse der Gruppendynamik verfügen. Außerdem sollte er die Methoden des Rollenspiels beherrschen. Es hat sich als fruchtbar erwiesen, wenn Spielleiter auch als Spielteilnehmer in einer Gruppe sind, in der sie neue Erfahrungen machen und ihre Erfahrungen

als Spielleiter anderen mitteilen können.
Die persönliche Haltung des Spielleiters sollte warmherzig und akzeptierend sein. Er sollte seine eigenen Gefühle kennen, fähig sein, sie zu artikulieren, und Sympathie und Antipathie bei sich kontrollieren können. Ruth C. Cohn (1975, S. 112) spricht davon, daß ein Gruppenleiter „erzogene Gefühle" haben sollte.

Der Gruppenleiter ist in höherem Maße als die Spielteilnehmer dafür verantwortlich, daß die Gruppe bei dem Thema bleibt, das gemeinsam vereinbart wurde. Meist ist er es, der das Thema vorgeschlagen hat, er verfügt über Sachwissen, Hilfsmittel zur Erarbeitung der Zusammenhänge und hat deutliche Vorstellungen davon, was erreicht werden soll. Der Spielleiter ist auch für die Struktur der Gruppe verantwortlich. In welchen Gruppierungen soll gearbeitet werden – in Paararbeit, Kleingruppenarbeit, Einzelarbeit, mit Rollenspielszenen oder mit Texten usw. In Schulklassen wird er auch immer wieder für einen störungsfreien Ablauf des Spiels sorgen müssen. Im Rollenspiel trägt der Spielleiter für den Ablauf des Prozesses Sorge. Damit die Spieler sich entlastet im Spiel bewegen können, damit sie Rollen simulieren können, muß der Spielleiter die Beziehung zur Realität aufrechterhalten. Er sorgt für Szenenaufbau und den Szenenwechsel. Er regt die Mitspieler zum Doppeln an, leitet Rollentausch und Rollenwechsel ein und bestimmt, wann es sinnvoll ist, zu spielen, zu reflektieren oder andere Verarbeitungsweisen zu wählen. Häufig ist er es auch, der Einleitungsspiele und -übungen vorschlägt. Das bedeutet nicht, daß die Gruppenmitglieder nicht auch Anregungen geben und Mitverantwortung übernehmen können. Die Leiterrolle kann auch von Sitzung zu Sitzung wechseln, es muß aber jederzeit klar sein, wer sie innehat. Der Spielleiter ist dann auch weitgehend vom Spielen ausgeschlossen.

Sehr wichtig ist auch, daß der Spielleiter ein Gefühl dafür entwickelt, wann es notwendig ist, Fragen zu stellen oder über eigene Wahrnehmungen und Gefühle zu sprechen, und wann er durch schweigendes Abwarten der Gruppe Raum und Zeit geben muß. Der Umgang mit dem Schweigen fällt vielen Anfängern sehr schwer. Es gibt so viele Arten zu schweigen. Da gibt es das verstehende, erfüllte Schweigen, in dem Worte zu wenig sind und das Gefühl von gemeinsamer Erfahrung und Zuneigung sich ausbreiten kann. Es gibt das Schweigen der Leere, dem man oft unter Schmerzen Raum geben muß, damit sich etwas entfaltet, das wert ist, ausgesprochen zu werden. Es kann sich aber auch ein trotziges, rivalisierendes Schweigen ausbreiten, in dem Kämpfe darüber ablaufen, wer zuerst die Nerven verliert und das Schweigen bricht.

Manchmal ist es gut, wenn der Leiter seine eigenen Gedanken der Gruppe mitteilt und die Teilnehmer für ihre Wahrnehmung des Schweigens wachmacht. Manchmal kann es auch helfen, wenn der Spielleiter Aktionen vorschlägt oder wenn er nach Vorschlägen der Mitglieder fragt. Das bedeutet aber noch nicht, daß die Gruppe, froh über jede Unterbrechung, den ersten besten Vorschlag aufnehmen muß.

Je nach den Erfahrungen der Gruppe kann der Spielleiter auf Vorschläge von Teilnehmern hin sagen: „Überlegt euch die Vorschläge/den Vorschlag und sagt, was jeder von euch gerne machen würde." Oder das Angebot einer „Runde" oder eines „Blitzlichts": Jeder Teilnehmer darf nur einen Satz sagen, vielleicht darüber, wie es ihm geht, was er machen will, oder darüber, was ihm gefällt, was ihn ärgert usw. Die Sätze werden kommentarlos angehört. Eventuell kann nach Abschluß der Runde kurz Stellung dazu genommen werden. Nach so einer Runde haben die Mitglieder ein deutliches Gefühl, was in der Gruppe jetzt gerade wichtig ist und wie engagiert die Sprecher sind.

Zu den wichtigen Aufgaben des Spielleiters

gehört es auch, daß er nicht nur auf die Aussagen der Mitglieder hört, sondern ihre Haltung, ihre Gesten, ihre Bewegungen und alle nichtverbalen Mitteilungen wahrnimmt. Er erhält hieraus wichtige Hinweise für den Prozeßverlauf. Er muß auch immer überlegen, wie er die Ausdrucksmöglichkeiten des Körpers mit in das Gespräch hereinnehmen kann.

Die Bedeutung der Gruppe

Bei der erfahrungsbezogenen, handlungsorientierten Arbeit mit dem Rollenspiel im Umgang mit Texten hat die Gruppe eine wichtige Bedeutung. Zunächst brauchen die Mitglieder einfach Vertrauen in die Personen, die mitarbeiten, um sich für emotionales Geschehen öffnen zu können. Aber es ist nicht allein der emotionale Prozeß, sondern auch das Ungewohnte beim Vorgehen, der Versuch, handelnd zu lernen, der Angst macht und bei dem der einzelne Schutz durch die anderen braucht.
In der Schulklasse ist es gar nicht selbstverständlich, daß ein Klima der Annahme und der Offenheit besteht. Sehr viele Bemühungen im Verlauf der Rollenspielarbeit gehen darum, Rivalität, Konkurrenzangst, Abgrenzung gegen die anderen abzubauen und helfende Interaktionen, Verstehen wertvoll füreinander zu machen. Gleichwohl gelingt dies nur begrenzt, weil wir die Klasse nicht aus ihrem gesellschaftlichen Kontext herauslösen können. Aber auch in der Schulklasse erleben wir Phasen starker Zusammengehörigkeit und sehr bewußte Bemühungen um gegenseitiges Verstehen, gemeinsames Handeln, so daß die Spieler frei für ihr Spiel werden und sich auch um gemeinsame Interpretationen bemühen. Die intersubjektive Bedeutungsfindung bereichert den Verstehensprozeß in der Klasse. Im Spiel und in der Werkanalyse geht es uns ja darum, mitmenschliche Konfliktsituationen zu verstehen und mögliche Lösungswege zu finden. Die Schüler können also die Konflikthaftigkeit ihrer eigenen Situation als etwas Verbindendes erkennen, das die Einzelpersonen der Gruppe miteinander verbindet und auch zwischen Text und Leser Beziehungen herstellt. Indem nun der Autor seine Konflikte in literarisch-ästhetischen Gestaltungen verarbeitet, nicht abbildet, ermutigt er auch den Leser zur Auseinandersetzung. Geschieht diese Auseinandersetzung in einer Gruppe, so kann die Gruppe den Einzelnen in der Wahrnehmung von Konflikten, Störungen und Gefährdungen sehr unterstützen. Der literarisch gestaltete Konflikt bietet Ansatzmöglichkeiten für individuelle Konflikte und Lösungen an.
Ingeborg Meckling (1980) befürchtet hierbei Gefährdungen für einzelne Schüler; sie könnten sich ausgeliefert vorkommen, wenn sie sich offen in der Gruppe zeigen. Das kann in Gruppen geschehen, die wenig Zusammenhalt zeigen und wenig Verantwortung für ihr gemeinsames Handeln. Der Leiter muß daher immer auf die gemeinsame Zielsetzung hinarbeiten. Ingeborg Meckling fragt sich auch, ob nicht die Lehrer dabei überfordert werden, wenn sie auf der Beziehungsebene herausgefordert werden. Nun werden Lehrer nicht mehr als andere Menschen herausgefordert, Not und Leid zu verstehen, als Mitmensch offen zu sein und gleichzeitig die Grenzen des eigenen Helfenkönnens zu akzeptieren. Kritisch wird es erst, wenn Lehrer ihren Allmachtsphantasien erliegen und glauben, sie müßten jede Not durch therapeutische Angebote lindern. Dann erwekken sie wirklich Erwartungen, die sie nicht erfüllen können. Ein gutes Gruppenklima ist eine wichtige Bedingung für das Spiel. Durch das gemeinsame Tun, durch die zunehmende Offenheit und durch anschließende Reflexion entsteht aber auch ein Gefühl füreinander und ein größeres Interesse aneinander. Die Methoden des Doppelns,

des Rollenwechsels, des Rollentauschs und das Feedback (Rückmeldung über die Wahrnehmung) festigen den Gruppenzusammenhalt. Die Gruppenaktionen erweitern das Verständnis für den Textzusammenhang und stützen den einzelnen Teilnehmer.

Pädagogisches Rollenspiel und therapeutisches Psychodrama

Pädagogisches Rollenspiel und therapeutisches Psychodrama sind sich in vielem sehr ähnlich. Kein Wunder, da sie viele Grundlagen gemeinsam haben – der Schöpfer des Psychodramas, Jacob Moreno, hat seine Methoden aus der Theatertradition, aus Brauchtum und aus zufälligen Anregungen entwickelt. Wir sehen aber gewichtige Unterschiede zwischen beiden Verfahren. Zunächst unterscheiden sich Lerngruppe und therapeutische Gruppe durch die Eingangsvereinbarungen, die mit den Mitgliedern abgeschlossen wurden. Die Schulklasse kommt unter der Vereinbarung, miteinander zu lernen, zusammen.

Im Psychodrama dagegen werden persönlich erfahrene Defizite, die in der individuellen Vergangenheit erlitten wurden, gezielt bearbeitet. Die Arbeit geschieht sehr eindeutig unter der Frage nach dem Warum einer Störung. Wo ereigneten sich die Beeinträchtigungen, wo konnten Erlebnisse oder Mängelerscheinungen oder Über- bzw. Unterforderungen nicht verarbeitet werden, wo mußten Affekte abgewehrt werden, weil es für die Person oder für die soziale Umgebung schädlich gewesen wäre, sie offen zu erleben? Die Teilnehmer kommen zum Psychodrama, weil sie unter einem Leidensdruck stehen und weil sie den Eindruck haben, sie brauchen Hilfe, um mit ihrem Leben zurecht zu kommen. Sie gehen aber dafür nicht in die Schule oder in eine Ausbildungsinstitution, sondern zu einem Therapeuten. Der Anspruch, die persönlichen Probleme therapeutisch zu bearbeiten, setzt das Bemühen um eine sehr große Offenheit voraus. Der Therapeut und die Teilnehmer – in der Regel 6 bis 8 Personen – geben einander das Versprechen, daß Aussagen in der Gruppe nicht außerhalb der Gruppe weitererzählt werden dürfen. Die therapeutische Gruppe kommt in der Regel nur zur gemeinsamen Bearbeitung dieser Schwierigkeiten zusammen. Sie hat kein gemeinsames Ziel, das über diese Absicht hinaus geht.

Anders die Schulklasse, in der die Schüler über lange Zeit hinweg zusammenleben müssen; sie müssen Rivalitätsprobleme und Konkurrenzängste, die einen realen Hintergrund haben, bearbeiten, und sie müssen konkreten Leistungsansprüchen genügen. In der Schulklasse geht es darum, Lernziele fachgebundener Art zu erreichen, und nicht darum, Lebensprobleme zu bearbeiten.

Wir können zwar die Arbeit in der Schule mit Rollenspielmethoden und Interaktionsübungen fördern, wir sollten jedoch streng zwischen Rollenspiel und psychotherapeutischem Psychodrama trennen. Wie kann dies geschehen? Zum einen sollte sich der Rollenspielleiter über den eigenen Anspruch, den er mit der jeweiligen Gruppe verfolgt, Rechenschaft ablegen. Und dieser Anspruch wird wesentlich durch die Situation bestimmt. Zum anderen muß er auf Störungen, die im Rollenspiel immer wieder spürbar werden können und die therapeutischer Zuwendung bedürfen, entsprechend reagieren: Um sie zu bearbeiten, muß ein anderer Vertrag mit dem Teilnehmer geschlossen werden. Beim Rollenspiel gilt es, die Bedürfnisse des Einzelnen, den Bezug zum Thema und die gemeinsamen Ziele der Gruppe ernst zu nehmen.

An anderer Stelle haben wir bereits darauf hingewiesen, daß bewußte oder halb bewußte Allmachtsphantasien den Rollenspielleiter nicht verführen dürfen, beliebig zwischen der Lehrerrolle und der Therapeutenrolle

zu wechseln, auch wenn er die Ausbildung dafür hat. Es ist problematisch, wenn Schüler in Unterrichtssituationen angeleitet werden, sich in frühere Kindheitsphasen zu versetzen, wenn sie ihr Erwachsensein aufgeben sollen, um Störungen, die früher erworben wurden, zu bearbeiten. Die Schüler erleben ihren Lehrer dann im Widerspruch zur anderen Rolle, die Disziplin, Mitarbeit und Bewältigung von Unruhe verlangt.
Es steht allerdings ganz außer Zweifel, daß im Spiel an sich schon therapeutische Wirkungen liegen. Moreno wurde durch das Kinderspiel zur Entwicklung der therapeutischen Methode angeregt. Im Stegreiftheater „wurde mir klar, welche therapeutischen Möglichkeiten im Ausspielen, im aktiven und strukturierten Ausleben von seelischen Konfliktsituationen liegen ..." (Moreno 2. Aufl. 1973, S. 14).

Ziele, Erfahrungen, Hinweise zum Einsatz der Unterrichtsbeispiele

Der Einsatz von Rollenspieltechniken ermöglicht in einigen Bereichen tiefere und unmittelbarere Erfahrungen und Einsichten als herkömmliche Formen des Literaturunterrichts. So wird zunächst durch das Spiel das literarisch vermittelte Geschehen zur eigenen Erfahrung. Um spielen zu können, bedarf es der Einfühlung in das Geschehen. Diese Einfühlung ist immer auch getragen von eigenen subjektiven Anteilen, sie schafft somit eine emotionale Beziehung zwischen Text und Spielendem; er entwickelt einen unmittelbaren persönlichen Bezug zur fiktionalen Realität des Textes, indem er sie auf seine eigene Realität bezieht.
Da Texte in aller Regel nicht derart unbestimmt sind, daß sie jede beliebige subjektive Füllung zulassen, wird im Spiel die Einfühlung in fiktionale Personen und dem eigenen Erleben bislang möglicherweise verschlossene Situationen möglich und notwendig. Dies geschieht jedoch nicht im weitgehend ungeschützten Raum der Realität unter Preisgabe der eigenen Person, sondern im Freiraum der Simulation, die negative Sanktionen ausschließt. So können sich die Schüler im Erfassen von Situationen oder Personen im Rollenspiel in Rollen einfühlen und in ihnen denken, die sie im Alltag übernehmen müssen (in unseren Beispielen z. B. die Schülerin Antonella, der durchgefallene Schüler Peter Weiss), aber auch in Rollen, die ihnen im Alltag verschlossen sind.
Die spielerische Vergegenwärtigung fiktionaler Texte macht nicht nur diese selbst, sondern auch die unterschiedlichen Verstehensweisen der einzelnen Schüler der gemeinsamen Reflexion zugänglich. Erleichtert wird dies dadurch, daß Rollenspiel über seine Rollenträger auf der Sprachebene der Schüler bleibt. So gelingt den Schülern die Übertragung des Textinhaltes in ihre eigene Lebenswelt angemessener und anschaulicher.
Das Rollenspiel ermöglicht, im Gegensatz zum Gespräch, dem Schüler das Erleben der Auswirkungen eigener Verhaltensweisen. Szenen können wiederholt werden, verändert und alternativ erprobt werden. Dies erleichtert dem Schüler das Erkennen von Normen, die sein eigenes oder das Spiel anderer beeinflußt haben, ebenso wie das Infragestellen dieser Normen. Damit ist der Weg offen zur kritischen Reflexion auch des Textes, auf den sich die Spielenden immer beziehen, allerdings eine Reflexion, die sich auf Erleben und Erfahren samt den damit verbundenen emotionalen Anteilen stützt und nicht nur auf Kognition.

Die Leistungsfähigkeit der Methode Rollenspiel

Bei der Erprobung von Rollenspieltechniken im Literaturunterricht wollten wir uns bei der Einschätzung ihrer Wirksamkeit nicht ausschließlich auf unsere subjektiven Eindrücke und die Einschätzungen der Kollegen verlassen. Wir bemühten uns daher von Anfang an, durch begleitende Untersuchungen objektive Daten über die durch diese Methode bewirkten Veränderungen bei den Schülern zu gewinnen. Die wesentlichen Ergebnisse dürften gerade für den Lehrer, der sich erst am Anfang einer Arbeit mit diesem Medium befindet, von Interesse sein; wir wollen sie daher so kurz wie möglich zusammenfassend darstellen. Dabei beschränken wir uns auf die Ergebnisse, die sich bei unseren Untersuchungen als statistisch signifikant erwiesen haben.
Schüler, die Texte mit Hilfe von Rollenspieltechniken bearbeitet haben, sagen signifikant häufiger als andere Schüler, daß sie oft einen Bezug zwischen den Texten und ihrer eigenen Lebensrealität empfunden haben. Sie bejahen signifikant stärker als ihre Mitschüler alle Formen des schulischen und privaten Lesens. Ebenso finden sie die Texte signifikant häufiger interessant (es handelte sich bei den Vergleichen selbstverständlich immer um dieselben Texte). Sie begründen dies stärker mit den interessanten Inhalten der Texte, wogegen sich die anderen Schüler an Texte vorrangig nur deswegen erinnern, weil sie sie erst kürzlich gelesen haben.
Unsere Untersuchung zeigt weiterhin: Schüler, mit denen Texte fast ausschließlich mit Rollenspieltechniken bearbeitet wurden, veränderten sich signifikant positiv in ihrer Einstellung zum Lesen selbst und in der Einschätzung, daß Literatur einen wesentlichen Bezug zu ihrer eigenen Lebensbewältigung leisten kann. Ferner wurden die angestrebten kognitiven und emotionalen Ziele, die mit der Literaturbearbeitung verbunden waren, in qualitativer und quantitativer Hinsicht stärker realisiert. So waren eigene Texte, die die Schüler im Anschluß an die Lektüre verfassen sollten, im Durchschnitt um bis zu zwei Drittel umfangreicher als in Vergleichsklassen mit denselben Aufgabenstellungen; dies läßt auf eine erhöhte Motivation der Schüler schließen. Bei schwierigen Aufgaben zeigte sich, daß der Anteil der nicht aufgabenentsprechenden Lösungen in Klassen, die mit Rollenspieltechniken arbeiteten, um bis zu 35% geringer war. Gleichzeitig war in dieser Gruppe immer eine stärkere Lösung von der Textvorlage zu beobachten bei gleichzeitig höherem Anteil an differenzierten Problemdarstellungen und Lösungen.
Zusammenfassend läßt sich aus der Untersuchung als gesichert ableiten: Die Intensität der Auseinandersetzung mit Literatur wird durch den Einsatz von Rollenspieltechniken erhöht; die Schüler finden sich selbst in den Texten stärker wieder, die Motivation zu textbezogener eigener Textproduktion ist deutlich höher, und die inhaltlichen Ziele werden mindestens gleichrangig, tendenziell jedoch stärker und umfassender erreicht als bei herkömmlichen Bearbeitungsformen.

Der Umgang mit möglichen Widerständen

Es ist nicht möglich, generelle Handlungsanweisungen zu geben, wie Widerständen gegen das Rollenspiel, eigentlich gegen jede Form erfahrenden, handlungsbezogenen Lernens, zu begegnen ist. In einem partnerbezogenen Unterricht werden Widerstände spontan auftreten, in der Form von Diskussionen, von Anfragen, von Abänderungen der Ausgangssituation. Sie werden aber auch als Verweigerungen erscheinen. Z.B. wirkt die Klasse spielmüde, sie möchte zwar spielen, aber es melden sich keine Spieler,

beim Rollenwechsel werden die Alternativen diskutiert, statt daß gespielt wird. Auch finden sich selten Schüler, die Lust am Doppeln haben.
Es gibt vielerlei Anzeichen dafür, daß die Schüler Schwierigkeiten beim Spielen haben. Das Tückische an diesen Signalen ist, daß sie nicht eindeutig sind. Es kann im Rahmen einer Unterrichtseinheit, die Rollenspiel einbezieht, sehr sinnvoll sein, auch miteinander zu diskutieren; manche Ausgangssituationen sind in der Tat veränderungsbedürftig, Klassen können überanstrengt sein, ohne daß ein genereller Widerstand gegen das Verfahren besteht. Wir haben aber häufig erlebt, daß Ängste vor dem Spiel Widerstände mobilisierten. Deshalb möchten wir darauf eingehen.
Hinter den Unmutsäußerungen der Schüler steckt häufig auch die Angst, sich auf eine Sache einzulassen, der sie nicht gewachsen sind. Um diese Angst zu akzeptieren, ist es hilfreich, sich an die eigene Erfahrung zu erinnern. Oft löst sich die Verkrampfung, wenn der Lehrer über seine eigene Schwellenangst spricht und über das Dilemma, daß man nur gewinnt, wenn man sich im Spiel riskiert. In den Unterrichtseinheiten weisen wir häufig darauf hin, daß der Lehrer Modell sein kann, er kann Monologe anregen, zum Doppeln helfen, beim Rollenwechsel selbst eine Rolle spielen. Dem Lehrer hilft das Mitmachen, um näher an die Probleme zu kommen, für die Klasse kann es als Eisbrecher dienen.
Sehr häufig weichen Gruppen in Diskussionen aus. Diese Form ist ihnen vertraut, der Einzelne braucht sich lange nicht so zu exponieren, wie er dies als Spieler muß. Dann wird es auch für den Lehrer mühevoll, eine Gruppe zu aktivieren. In einer Gruppe, die Vertrauen hat, hilft es, klar zu sagen, daß ein Spiel das Verständnis fördert. Wenn die Gruppe dies bezweifelt, bittet man, es doch auf einen Versuch ankommen zu lassen. Klassen, die noch unerfahren und mißtrauisch sind, können so nicht überzeugt werden. Manchmal muß der Lehrer eben auf seinen Ansatz verzichten, er soll dies aber deutlich machen. Dabei ist es gut, wenn er sich nicht gekränkt gibt, sondern die Unwilligkeit akzeptiert.
Gelegentlich helfen auch kleine Versuche, die Gruppe zu aktivieren. Etwa: „Sprecht über Renate und Erich in kleinen Gruppen. Seht ihr Hinweise, warum sie wieder auseinandergegangen sind? Sucht euch drei Klassenkameraden aus. Vielleicht kann eine Gruppe die Ergebnisse im Spiel vorstellen.“ Dann bleibt es den Gruppen überlassen, wie sie ihre Ergebnisse vorstellen wollen. Sehr häufig spielen einige Gruppen und erarbeiten die Zusammenhänge in dieser Form. Die Abwehr der anderen wird zunächst ernst genommen.
Der Lehrer sollte nicht zu anspruchsvoll ansetzen. Die Schüler müssen zuerst lernen, auch die eigene Person im Lernprozeß mitzubeachten. Dies ist fremd, wie auch die Verfahren unvertraut sind. Kleine Spieleinheiten, die in andere Formen der Behandlung eingebettet sind, können zunächst Sicherheit in der Darstellung geben. Häufig bitten uns Studenten in Rollenspielseminaren, wir möchten noch Geduld haben, sie hätten sich fast zum Spiel gemeldet. Bedenkt man, welcher innere Prozeß abläuft, während sie sich bereit machen fürs Spiel, dann genügt dieses Wollen. Der Analytiker Ronald Laing wirft unserer Erziehung vor, daß sie dem Wissen gegenüber der Erfahrung den Vorzug gebe, aber gerade dadurch den Menschen von sich selbst entfremde: Er schreibt: „Als Erwachsene haben wir unsere Kindheit fast ganz vergessen – die Zeit und ihr Flair. Als Menschen dieser Welt wissen wir kaum etwas von der Existenz der inneren Welt: wir erinnern uns kaum an unsere Träume oder können nichts mit ihnen anfangen.“ (Laing 1972, S. 20) Und er schließt daraus: „Diese Lage der Dinge bedeutet eine fast unglaubliche Verwüstung unserer

Erfahrung. Dann gibt es leeres Geschwätz über Reife, Liebe, Freunde, Friede ... Wenn unsere Erfahrung zerstört ist, haben wir unser eigenes Selbst verloren" (S. 22).

Mit unseren Unterrichtsversuchen möchten wir der Erfahrung mehr Raum geben, aber wir dürfen nicht verlangen, daß dies sofort und ohne Widerstände gelingt. Im Bereich der Schule, die zunehmend mehr zur Leistungsschule wird und Angst vor Unterliegen erzeugt, ist spontanes Spiel besonders schwer zu verwirklichen. Wir haben gute Erfahrungen gemacht, wenn wir mit Rollenspiellernen in Schullandheimen angefangen haben. In diesem Rahmen war es auch möglich, kleine lustige Szenen zu gestalten, die ohne weitere Absicht gespielt wurden. Später konnte die Methode leichter für die Bearbeitung von Texten im Unterricht übernommen werden.

Teil II: Unterrichtsbeispiele

Alle hier vorgelegten Unterrichtsbeispiele wurden von uns in der Sekundarstufe I in verschiedenen Klassenstufen erprobt. Z.T. bildeten sie die Grundlage unserer Untersuchungen. Ihre Einsatzmöglichkeiten sind nicht auf bestimmte Altersstufen beschränkt, jedoch bieten sich bestimmte Inhalte und Textgattungen für einzelne Klassenstufen besonders an. Wir bieten in unseren Unterrichtsbeispielen den Einsatz von Rollenspieltechniken überall dort an, wo sie uns möglich und sinnvoll erscheinen. Dies bedeutet jedoch nicht, daß sie auch tatsächlich an jeder vorgeschlagenen Stelle zum Einsatz kommen müssen. Die Entscheidung darüber, in welchem Umfang diese Techniken in der einzelnen Stunde benutzt werden sollen, ist in hohem Maße von der Spielerfahrung, Spielfreude, teilweise auch vom Alter der Schüler abhängig, so daß jeder Lehrer für jede Stunde für sich eine Auswahl treffen muß. Verzichtet man in einigen Phasen auf Rollenspielelemente, so können diese generell durch ‚traditionelle' Erarbeitungsformen ersetzt oder ergänzt werden.

Da wir der Meinung sind, daß die Methode sinnvoll bei allen Textgattungen eingesetzt werden kann, bieten wir Beispiele aus möglichst vielen Bereichen an. Zudem versuchten wir, an jedem Text exemplarisch zu zeigen, wie sich die Methode für die Bearbeitung bestimmter Schwerpunkte einsetzen läßt. Die Empfehlung für bestimmte Altersstufen ist nur als Orientierungshilfe gedacht, mit geringen Änderungen sind die Texte in der gesamten Sekundarstufe I einzusetzen. Bei der Auswahl der Anknüpfungsstellen für die Bearbeitung im Spiel waren verständlicherweise die Ziele, die wir bei der jeweiligen Textbearbeitung verfolgten, maßgebend. Sie sind nicht immer identisch mit den Unbestimmtheitsstellen in den Texten. Es können jederzeit neue Anknüpfungsstellen gewählt werden. In der vorliegenden Form sind die Unterrichtsvorschläge allerdings mehrfach erprobt. Auf allgemeine Ausführungen zu den einzelnen Textgattungen verzichteten wir zugunsten der Analyse der einzelnen Texte.

Als Orientierungshilfe geben wir auf S. 32 einen Überblick über die Schwerpunkte der einzelnen Unterrichtsbeispiele, die zeitliche Ausdehnung, die benötigten Rollenspieltechniken und über die Möglichkeiten der Kombination untereinander. Dabei ist zu beachten, daß in spielungeübten Klassen vor dem Einsatz der eigentlichen Textbearbeitung einführende Übungen notwendig sind, die die Schüler für das textbearbeitende Rollenspiel vorbereiten und öffnen. Solche Übungen sind: Interaktionsspiele (Vopel, Oakländer, Freudenreich u.a.), Entspannungsübungen, Pantomime, Meditation, Bewegungsformen, Partnerinterview, gelenktes Schweigen, kontrollierter Dialog, Sprechen in fremden Rollen, Reflexion auch über emotionale Anteile beim Erleben dieser Formen.

Übersicht über die Unterrichtsbeispiele

Text/ Klassenstufe	inhaltlicher Schwerpunkt/ Bearbeitungsdauer	besondere Hinweise
Max v. d. Grün: Masken 7.–10. Schuljahr	Beziehungsprobleme zweier Liebenden und die Möglichkeit, sich zu verfehlen, wenn jeder eine „Maske" trägt 3 Stunden	Der Text ist besonders geeignet und die Bearbeitung so konzipiert, daß mit diesem Text alle Rollenspieltechniken eingeführt werden können. Er sollte daher am Beginn der Arbeit stehen.
Frederik Hetmann: Antonella 5.–7. Schuljahr	Außenseiterproblematik am Beispiel eines ausländischen Kindes 3 Stunden	Der Text ist für die Einführung aller Rollenspieltechniken in Kl. 5–7 besonders geeignet und dementsprechend bearbeitet.
Bertolt Brecht: Der hilflose Knabe 5.–10. Schuljahr	Gegen die Unart, erlittenes Unrecht stillschweigend zu dulden (Keunergeschichte) 2 Stunden	Der Text ist für alle Klassenstufen geeignet und eignet sich als Anschlußtext an „Antonella" (Möglichkeiten sich zu wehren). Die Schüler müssen die Technik des Monologs sicher beherrschen.
La Fontaine/Aesop: Der Fuchs und der Rabe 5.–10. Schuljahr Aesop/Luther: Die Teilung der Beute 5.–10. Schuljahr	Individuell – anthropologisch: Anfälligkeit für Schmeichelei und deren Folgen 1–2 Stunden Gesellschaftlich – politisch: Machtmißbrauch der Herrschenden 1–2 Stunden	Die beiden Fabeln können getrennt, aber ebenso als Einheit eingesetzt werden. Dann können sie als Beispiel für verschiedene Schwerpunktbildungen bei Fabeln benutzt werden. Inhaltlich können beide Fabeln an die Problematik des „hilflosen Knaben" angebunden werden. Wichtig ist die Einübung des Ambivalenzdoppelns.
Peter Weiss: Nicht versetzt 5.–10. Schuljahr	Schulversagen 2 Stunden	Der Text kann unabhängig von den übrigen Einheiten eingesetzt werden, möglicherweise auch zur Einführung von allen Rollenspieltechniken, da er alle Elemente, besonders einen hohen Anteil an Dialogen enthält.
Bertolt Brecht: Fahrend in einem bequemen Wagen (Gedicht) 7.–10. Schuljahr	Unsolidarisches Verhalten als menschliches Grundproblem anhand eines individuellen Beispiels 1–2 Stunden	Der Text eignet sich für die Bearbeitung im Anschluß an die Keunergeschichte im Hinblick auf die grundlegende Schreibintentionen des Autors. Benötigt wird die Beherrschung aller Rollenspieltechniken
Eduard Mörike: Er ist's 7.–10. Schuljahr Peter Huchel: Herbst 7.–10. Schuljahr	Naturlyrik 1–2 Stunden Naturlyrik 1–2 Stunden	Die vorgeschlagene Bearbeitungsform mit stark meditativen Elementen eignet sich nur für Klassen mit größerer Spielerfahrung. Sie eröffnet gleichzeitig neue Wege für die Musik- und Kunstrezeption. Ein ähnliches Vorgehen ist zum Beispiel bei der Kombination Musik und Poesie denkbar.

Max von der Grün, Masken (Einführung in die Technik des Rollenspiels für Kl. 7–10)

Didaktische Analyse

Die Kurzgeschichte Max von der Grüns (vgl. S. 34ff.) spiegelt die Schwierigkeit der Selbstdarstellung. Sie schließt damit sehr eng an Alltagserfahrungen, gerade auch von Schülern, an. Auch Schüler haben schon Situationen erlebt, in denen sie die Begegnung mit Menschen suchten, sich selbst aber nicht so darstellen konnten, daß die ersehnte Zuwendung möglich wurde. Wir alle sind ständig in der Gefahr, uns so zu geben, wie wir denken, daß andere uns haben möchten. Vor allem Kinder, an denen herumerzogen wird, an die oft unerfüllbare Forderungen im Hinblick auf Disziplin, Fleiß, Leistung und Wohlverhalten gestellt werden, kennen die Verstellung. Es sind Versuche, Mitmenschen entgegenzukommen, die an der eigenen Person vorbeigehen.

In der Auseinandersetzung um die Selbstdarstellung der beiden Menschen Renate und Erich, die eine Begegnung unmöglich macht, stellt sich im wesentlichen die Frage nicht nur nach den Möglichkeiten eines anderen Verhaltens, sondern auch nach den Ursachen für das Geschehen, die Frage, wer uns zum Verbergen hinter Masken zwingt. Zunächst ist es wohl der eigene Anspruch, zu gefallen und geliebt zu werden. Dieser Anspruch hat zwar einen individuellen Ursprung, bezieht seinen Maßstab jedoch aus gesellschaftlichen Normen. Geschätzt wird nur der, der Erfolg hat, der es zu etwas bringt und in der Gruppenhierarchie oben steht. Wer nicht oben steht, ist auch nicht wert, geachtet zu sein. Diese Normen sind schon im Zusammenleben der Schulklasse wirksam, sie bestimmen die Achtung von Paaren zueinander, und sie prägen die Vorstellungen, die der Einzelne von sich selbst hat.

Die vorliegende Kurzgeschichte zeigt diese Zusammenhänge exemplarisch an der Begegnung zweier Menschen, die sich verfehlen, obwohl sie einander suchen. Es wird sichtbar, wie zerstörend es sein kann, wenn ein Mensch weniger auf die Wirkung seiner individuellen Persönlichkeit als auf die Anziehungskraft von äußerlichem Prestige und Ansehen vertraut.

Der Glaube, ein vorgespiegelter Status mache einen liebenswert, führt zwangsläufig zu einem entindividualisierten, genormten Verhalten, auf das ein potentieller Partner wegen der fehlenden Echtheit und mangelnden Identität auch nur mit schablonenhaftem Verhalten reagieren kann. Dadurch entstehen in der Interaktion zwei Handlungsebenen: Eine ‚innere', die für die tatsächlichen Bedürfnisse und Wünsche der Personen steht, und eine ‚äußere' Ebene, die den von den Individuen akzeptierten, aber dennoch sie zerstörenden Erwartungen der gesellschaftlichen Normen entspricht.

Max von der Grün gelingt es, die verschiedenen Ebenen, auf denen die Begegnung verläuft, für den Leser durchsichtig zu machen. Auf der Handlungsebene geschieht nicht viel mehr als das Geplauder eines Paares, das sich nach vielen Jahren wieder trifft. Es ist heiter, unbeschwert, voll von Lachen und Erinnerungen. Die Reflexionen der Sprecher über sich selbst lassen jedoch die Spannungen deutlich werden, die zwischen der Selbstdarstellung und der eigenen, seelischen Wirklichkeit allmählich entstehen. Die Spannung wird nirgends formuliert, aber sie bestimmt zunehmend das Verhalten der beiden Partner. Verbales Verhalten und nichtverbales Verhalten fallen zunehmend auseinander. Weder Renate noch Erich können

Masken

Sie fielen sich unsanft auf dem Bahnsteig 3 a des Kölner Hauptbahnhofs in die Arme und riefen gleichzeitig: „Du?!“ Es war ein heißer Julivormittag, und Renate wollte in den D-Zug nach Amsterdam über Aachen, Erich verließ diesen Zug, der von Hamburg kam. Menschen drängten aus den Wagen auf den Bahnsteig, Menschen vom Bahnsteig in die Wagen, die beiden aber standen in dem Gewühl, spürten weder Püffe noch Rempeleien und hörten auch nicht, daß Vorübergehende sich beschwerten, weil sie ausgerechnet vor den Treppen standen und viele dadurch gezwungen wurden, um sie herumzugehen. Sie hörten auch nicht, daß der Zug nach Aachen abfahrbereit war, und es störte Renate nicht, daß er wenige Sekunden später aus der Halle fuhr.

Die beiden standen stumm, jeder forschte im Gesicht des anderen. Endlich nahm der Mann die Frau am Arm und führte sie die Treppen hinunter, durch die Sperre, und in einem Café in der Nähe des Doms tranken sie Tee.

„Nun erzähle, Renate. Wie geht es dir. Mein Gott, als ich dich so plötzlich sah ... du ... ich war richtig erschrocken. Es ist so lange her, aber als du auf dem Bahnsteig fast auf mich gefallen bist ...“

„Nein“, lachte sie, „du auf mich“.

„Da war es mir, als hätte ich dich gestern zum letzten Male gesehen, so nah warst du mir. Und dabei ist es so lange her ...“

„Ja“, sagte sie. „Fünfzehn Jahre.“

„Fünfzehn Jahre? Wie du das so genau weißt. Fünfzehn Jahre, das ist ja eine Ewigkeit. Erzähle, was machst du jetzt? Bist du verheiratet? Hast du Kinder? Wo fährst du hin?“ ...

„Langsam Erich, langsam, du bist noch genau so ungeduldig wie vor fünfzehn Jahren. Nein, verheiratet bin ich nicht, die Arbeit, weißt du. Wenn man es zu etwas bringen will, weißt du, da hat man eben keine Zeit für Männer.“

„Und was ist das für Arbeit, die dich von den Männern fernhält?“

Er lachte sie an, sie aber sah aus dem Fenster auf die Tauben. „Ich bin jetzt Leiterin eines Textilversandhauses hier in Köln, du kannst dir denken, daß man da von morgens bis abends zu tun hat und ...“

„Donnerwetter!“ rief er und klopfte mehrmals mit der flachen Hand auf den Tisch. „Donnerwetter! Ich gratuliere.“

„Ach“, sagte sie und sah ihn an. Sie war rot geworden.

„Du hast es ja weit gebracht, Donnerwetter, alle Achtung. Und jetzt? Fährst du in Urlaub?“

„Ja, vier Wochen nach Holland. Ich habe es nötig, bin ganz durchgedreht. Und du, Erich, was machst du? Erzähle. Du siehst gesund aus.“

Schade, dachte er, wenn sie nicht so eine Bombenstellung hätte, ich würde sie jetzt fragen, ob sie mich noch haben will. Aber so? Nein, das geht nicht, sie würde mich auslachen, wie damals.

„Ich?“ sagte er gedehnt, und brannte sich eine neue Zigarette an. „Ich ... ich ... Ach weißt du, ich habe ein bißchen Glück gehabt. Habe hier in Köln zu tun. Habe umgesattelt, bin seit vier Jahren Einkaufsleiter einer Hamburger Werft, na ja, so was Besonderes ist das nun wieder auch nicht.“

„Oh“, sagte sie und sah ihn starr an, und ihr Blick streifte seine großen Hände, aber sie fand keinen Ring. Sie erinnerte sich, daß sie vor fünfzehn Jahren nach einem kleinen Streit auseinandergelaufen waren, ohne sich bis heute wiederzusehen. Er hatte ihr damals nicht genügt, der schmalverdienende und immer ölverschmierte Schlosser. Er sollte es erst zu etwas bringen, hatte sie ihm damals nachgerufen, vielleicht könne man später wieder darüber sprechen. So gedankenlos jung waren sie damals. Ach ja, die Worte waren im Streit gefallen und trotzdem nicht böse gemeint. Beide aber fanden danach keine Brücke mehr zueinander. Sie wollten und wollten doch nicht. Und nun? Nun hatte er es zu etwas gebracht.

„Dann haben wir ja beide Glück gehabt", sagte sie und dachte, daß er immer noch gut aussieht. Gewiß, er war älter geworden, aber das steht ihm gut. Schade, wenn er nicht so eine Bombenstellung hätte, ich würde ihn fragen, ja, ich ihn, ob er noch an den dummen Streit von damals denkt und ob er mich noch haben will. Ja, ich würde ihn fragen. Aber jetzt?

„Jetzt habe ich dir einen halben Tag deines Urlaubs gestohlen", sagte er und wagte nicht, sie anzusehen.

„Aber Erich, das ist doch nicht so wichtig, ich fahre mit dem Zug um fünfzehn Uhr. Aber ich, ich halte dich bestimmt auf, du hast gewiß einen Termin hier."

„Mach dir keine Sorgen, ich werde vom Hotel abgeholt. Weißt du, meinen Wagen lasse ich immer zu Hause, wenn ich längere Strecken fahren muß. Bei dem Verkehr heute, da kommt man nur durchgedreht an."

„Ja", sagte sie. „Ganz recht, das mache ich auch immer so." Sie sah ihm nun direkt ins Gesicht und fragte: „Du bist nicht verheiratet? Oder läßt du Frau und Ring zu Hause?" Sie lachte etwas zu laut für dieses vornehme Lokal.

„Weißt du", antwortete er, „das hat seine Schwierigkeiten. Die ich haben will, sind nicht zu haben oder nicht mehr, und die mich haben wollen, sind nicht der Rede wert. Zeit müßte man eben haben. Zum Suchen meine ich. Zeit müßte man haben." Jetzt müßte ich ihr sagen, daß ich sie noch immer liebe, daß es nie eine andere Frau für mich gegeben hat, daß ich sie all die Jahre nicht vergessen konnte. Wieviel? Fünfzehn Jahre? Eine lange Zeit. Mein Gott, welch eine lange Zeit. Und jetzt? Ich kann sie doch nicht mehr fragen, vorbei, jetzt wo sie so eine Stellung hat. Nun ist es zu spät, sie würde mich auslachen, ich kenne ihr Lachen, ich habe es im Ohr gehabt, all die Jahre. Fünfzehn? Kaum zu glauben.

„Wem sagst du das?" Sie lächelte. „Entweder die Arbeit oder das andere", echote er. Jetzt müßte ich ihm eigentlich sagen, daß er der einzige Mann ist, dem ich blind folgen würde, wenn er mich darum bäte, daß ich jeden Mann, der mir begegnete, sofort mit ihm verglich. Ich sollte ihm das sagen. Aber jetzt? Jetzt hat er eine Bombenstellung, und er würde mich nur auslachen, nicht laut, er würde sagen, daß ... ach ... es ist alles so sinnlos geworden.

Sie aßen in demselben Lokal zu Mittag und tranken anschließend jeder zwei Kognaks. Sie erzählten sich Geschichten aus ihren Kindertagen und später aus ihren Schultagen. Dann sprachen sie über ihr Berufsleben, und sie bekamen Respekt voreinander, als sie erfuhren, wie schwer es der andere gehabt hatte bei seinem Aufstieg.

„Jaja", sagte sie; „genau wie bei mir", sagte er.

„Aber jetzt haben wir es geschafft", sagte er laut und rauchte hastig.

„Ja", nickte sie. „Jetzt haben wir es geschafft." Hastig trank sie ihr Glas leer.

Sie hat schon ein paar Krähenfüßchen, dachte er. Aber die stehen ihr nicht einmal schlecht.
Noch einmal bestellte er zwei Schalen Kognak, und sie lachten viel und laut.
Er kann immer noch so herrlich lachen, genau wie früher, als er alle Menschen einfing mit seiner ansteckenden Heiterkeit. Um seinen Mund sind zwei steile Falten, trotzdem sieht er wie ein Junge aus, er wird immer wie ein Junge aussehen, und die zwei steilen Falten stehen ihm nicht einmal schlecht. Vielleicht ist er jetzt ein richtiger Mann, aber nein, er wird immer ein Junge bleiben.
Kurz vor drei brachte er sie zum Bahnhof.
„Ich brauche den Amsterdamer Zug nicht zu nehmen", sagte sie. „Ich fahre bis Aachen und steige dort um. Ich wollte sowieso schon lange einmal das Rathaus besichtigen."
Wieder standen sie auf dem Bahnsteig und sahen aneinander vorbei. Mit leeren Worten versuchten sie die Augen des anderen einzufangen, und wenn sich dann doch ihre Blicke trafen, erschraken sie und musterten die Bögen der Halle.
Wenn ich jetzt ein Wort sagen würde, dachte er, dann ...
„Ich muß jetzt einsteigen", sagte sie. „Es war schön, dich wieder einmal zu sehen. Und dann so unverhofft ..."
Ja, das war es. Er half ihr beim Einsteigen und fragte nach ihrem Gepäck.
„Als Reisegepäck aufgegeben."
„Natürlich, das ist bequemer", sagte er.
Wenn er jetzt ein Wort sagen würde, dachte sie, ich stiege sofort wieder aus, sofort.
Sie reichte ihm aus einem Abteil erster Klasse die Hand. „Auf Wiedersehen, Erich ... und weiterhin ... viel Glück."
Wie schön sie immer noch ist. Warum nur sagt sie kein Wort.
„Danke, Renate. Hoffentlich hast du schönes Wetter."
„Ach, das ist nicht so wichtig. Hauptsache ist das Faulenzen, das kann man auch bei Regen."
Der Zug ruckte an. Sie winkten nicht, sie sahen sich nur in die Augen, solange dies möglich war.
Als der Zug aus der Halle gefahren war, ging Renate in einen Wagen zweiter Klasse und setzte sich dort an ein Fenster. Sie weinte hinter einer ausgebreiteten Illustrierten.
Wie dumm von mir, ich hätte ihm sagen sollen, daß ich immer noch die kleine Verkäuferin bin. Ja, in einem anderen Laden, mit zweihundert Mark mehr als früher, aber ich verkaufe immer noch Herrenoberhemden, wie früher, und Socken und Unterwäsche. Alles für den Herrn. Ich hätte ihm das sagen sollen. Aber dann hätte er mich ausgelacht, jetzt, wo er ein Herr geworden ist. Nein, das ging doch nicht. Aber ich hätte wenigstens nach seiner Adresse fragen sollen. Wie dumm von mir, ich war aufgeregt wie ein kleines Mädchen, und ich habe gelogen, wie ein kleines Mädchen, das imponieren will. Wie dumm von mir.
Erich verließ den Bahnhof und fuhr mit der Straßenbahn nach Ostheim auf eine Großbaustelle.
Dort meldete er sich beim Bauführer.
„Ich bin der neue Kranführer."
„Na, sind Sie endlich da? Mensch, wir haben schon gestern auf sie gewartet. Also

dann, der Polier zeigt Ihnen Ihre Bude, dort drüben in den Baracken. Komfortabel ist es nicht, aber warmes Wasser haben wir trotzdem. Also dann, morgen früh, pünktlich sieben Uhr."

Ein Schnellzug fuhr Richtung Deutz. Ob der auch nach Aachen fährt? Ich hätte ihr sagen sollen, daß ich jetzt Kranführer bin. Ach, Blödsinn, sie hätte mich nur ausgelacht, sie kann so verletzend lachen. Nein, das ging nicht, jetzt, wo sie eine Dame geworden ist und eine Bombenstellung hat.

Max von der Grün

Max von der Grün: Etwas außerhalb der Legalität und andere Erzählungen, Neuwied 1980, Luchterhand Verlag – SL 299.

sich selbst und den anderen mehr wahrnehmen. „Er lachte sie an, sie aber sah aus dem Fenster auf die Tauben." Bei dem verzweifelten Versuch, sich dem anderen im besten Lichte zu präsentieren, werden beide für sich selbst immer fragwürdiger. Die Mutlosigkeit nimmt bei beiden zu.

Der Leser begreift den Prozeß, weil er nicht in die Interaktion verwickelt ist und das gesamte Geschehen überblickt. Er kann sich in die handelnden Personen einfühlen, er versteht das Versteckspiel, weil er aus seinen eigenen Erfahrungen Entsprechungen kennt.

Die Kurzgeschichte könnte man auch als Schilderung eines Psychodramas begreifen. Deshalb eignet sie sich dafür, Schülern Kommunikationsprozesse durchsichtig zu machen. Am Beispiel von Renate und Erich können sie verstehen, wieviel Mut notwendig ist, um zur eigenen Person zu stehen, aber auch, welchen Preis man für falsches Geltenwollen u. U. bezahlen muß.

Die Erzählstruktur der Kurzgeschichte, die dramatisch verläuft und die Denk-Handlungs- und Wahrnehmungsebene getrennt erfahrbar macht, legt eine Bearbeitung durch Rollenspieltechniken nahe.

Im Text ist bereits so viel innere Dramatik angelegt, daß eine Darstellung über die Verdoppelung der Personen, durch Spieler und Doppel als Alter Ego einleuchtend erscheint und entspricht. Auch die inneren Monologe der beiden Handlungsebenen des Textes können dirket aus der Textstruktur abgeleitet werden.

Bei dem vorliegenden Unterrichtsbeispiel geht es zugleich um eine Einführung in die Rollenspieltechniken. In diesem Zusammenhang ist es notwendig, daß die Schüler Erfahrungen im Umgang mit der Methode sammeln und möglichst viel Zeit für das Einüben und Erfahren einzelner Elemente gegeben wird. Je ausführlicher die Einführung in die verschiedenen Spielformen ausfällt, desto leichter läßt sich später im Unterricht damit arbeiten.

Gerade bei der Einführung in Rollenspieltechniken ist es wichtig, die Schüler nicht zu überfordern. Wir haben die Textbearbeitung daher auf drei Stunden verteilt, die nicht direkt hintereinander stattfinden sollten.

In der ersten Stunde sollen die Schüler behutsam für das Spiel geöffnet werden. Daher beschränken wir uns bei den Spielanteilen auf die Darstellung der Vorgänge am Bahnhof. Hier können sich die Schüler langsam an das Spiel herantasten. Der hohe Anteil nonverbaler Interaktionsmöglichkeiten gibt Gelegenheit, sehr viele Spieler an der Darstellung zu beteiligen. Dabei sollte den Ideen und Vorschlägen der Schüler viel Raum gegeben werden. Nach unseren Erfahrungen erleichtert ihnen das relativ ungesteuerte

Darstellen einer Situation den Abbau von Hemmungen, da die Spielanteile jedes einzelnen in ihrer Länge und Intensität von diesem selbst bestimmt werden können.
In der zweiten Stunde werden bei der Bearbeitung der ‚Cafészene' die Schüler behutsam über das Modell des Lehrers mit den verschiedenen Dialogtechniken und mit Monolog und Doppeln vertraut gemacht. Dabei kann mit einer ‚Massenszene' begonnen werden, in der die Café-Situation dargestellt wird. Auch hier finden die Schüler behutsam in das Spiel hinein, indem sie z. B. den Ober oder andere Cafébesucher darstellen können. Diese Massenszene sollte aufgelöst werden, wenn das Gespräch und die Gedanken von Erich und Renate dargestellt werden. Wichtig ist dabei, daß sich dann die Darsteller auf einer abgegrenzten Spielfläche befinden und keinem der Beobachter den Rücken zukehren (offener Halbkreis). Wenn nur noch diese beiden Protagonisten handeln, muß die Szene neu aufgebaut werden, da zuvor wohl auch der Platz innerhalb des Sitzkreises benutzt wurde.
Häufig wird vergessen, bei einem Rollenwechsel (Wiederholung derselben Situation durch andere Spieler) den Schülern Gelegenheit zu geben, in die Rolle langsam hineinzufinden. Daher ist bei jedem Rollenwechsel ein kurzer Monolg voranzustellen.
In der dritten Stunde sollte es dann möglich sein, intensiver mit allen Techniken zu arbeiten und die Schüler den Transfer auf ihre eigene Situation versuchen zu lassen.

Unterrichtsverlauf

Phase 1:

Am Anfang der Stunde steht eine kurze Charakterisierung des Textes. Der Lehrer führt aus, daß ein Text gelesen werden soll, der sich mit Interaktions- und Verständigungsproblemen befaßt, die sich aus bestimmten Verhaltensweisen ergeben. Möglich und wünschenswert wäre die Verknüpfung des Textes mit Eigenerfahrungen des Lehrers und, je nach Alter der Schüler, an Verhaltensweisen innerhalb von Partnerbeziehungen, die den Schülern schon vertraut sind.
In einem zweiten Schritt müssen die Schüler auf den Einsatz von Rollenspieltechniken vorbereitet werden. Der Lehrer sollte die neue Bearbeitungsform vorstellen und darum bitten, mögliche Widerstände oder aufkommende Kritik an der Methode zunächst bis zum Ende der Bearbeitung zurückzustellen. Wichtig ist der Hinweis, daß durch spielerische Methoden ein anderer, auch emotionaler Zugang zum Textverständnis ermöglicht werden soll, der den Text an die eigenen Erfahrungen anbindet.

Phase 2:

Vor der Lektüre des Textes gibt der Lehrer das Stundenziel bekannt: „Zwei Menschen, die vor 15 Jahren ein Liebespaar waren und sich nun wiedertreffen, scheitern an ihrer Unfähigkeit, sich für einander zu öffnen und aufeinander wirklich zuzugehen. Das Treffen bleibt zufällig – beide bleiben verlassen zurück.
Die Auseinandersetzung mit dem Text und die Reflexion über das Geschehen soll dazu helfen, die Tragik zu verstehen, die durch die Unfähigkeit, sich selbst anzunehmen, entsteht."
Der Text kann entweder vom Lehrer vorgetragen werden oder gemeinsam von den Schülern im Sitzkreis gelesen werden.

Phase 3:

Es ist notwendig, bei diesem ersten Versuch alle Spielvoraussetzungen bewußt und planmäßig zu schaffen. Als Spielraum dient zunächst ein offener Halbkreis ohne Tische. Die Regeln des Spiels müssen klar sein: Wer sich innerhalb der Spielfläche, *außerhalb* des

Sitzkreises, befindet, ist Spieler. Die anderen sind Beobachter. Es gibt *keine* Zuschauer im eigentlichen Sinn, nur Beobachter, die alle potentielle Mitspieler sind. Der Wechsel der Rollen Beobachter – Spieler ist wichtig und erwünscht.

Sind die Regeln klar, kann mit dem Aufbau einer ersten Spielszene begonnen werden. Um den Schülern den immer wieder schwierigen Einstieg in das Spiel zu erleichtern, sollen sie zunächst einmal nur versuchen, die Situation auf dem Bahnhof bei der Ankunft und Abfahrt von Zügen darzustellen. Dabei sollten möglichst viele Schüler beteiligt sein. Ergeben sich Schwierigkeiten, kann der Lehrer Hinweise auf einzelne Gestaltungsmöglichkeiten geben:

Paare verabschieden sich – jemand wartet ungeduldig auf die Ankunft eines Zuges – ein Tourist reist ab nach Indien – Gepäckträger – Stadtstreicher – Polizist – Bahnhofsvorsteher etc.

Die Szene kann in Gruppen oder einzelne Elemente können auch von einzelnen Schülern gestaltet werden. Dem Hineinfinden in die Gestaltung einer Rolle muß viel Raum und Zeit eingeräumt werden.

Sind die Spielhemmungen sehr groß, kann die ganze Klasse zunächst in zwei Gruppen aufgeteilt werden. Mit zwei Stühlen wird ein Durchgang markiert (Sperre), in dem sich die beiden Gruppen als ankommende und abfahrende Reisende begegnen, die sich in der Sperre aneinander vorbeizwängen müssen. Um Gespräche und Handlung zu ermöglichen, kann die Sperre immer weiter verengt werden.

Wenn die Schüler sich in die Szene hineingelebt haben, kann man den Text heranziehen und Renate und Erich auftreten lassen. Die übrigen Schüler bleiben so weit als möglich mitbeteiligt, der Lehrer kann weitere Anregungen geben: Die beiden begrüßen sich – stehen im Weg – jemand beschwert sich usw. Die Bilder und Vorstellungen der einzelnen Spieler sollen Raum haben, sich zu entwickeln. An dieser Stelle können auch lustige Gags akzeptiert werden, da die ganze Darstellung die Funktion eines Aufwärmspieles hat.

Diese ersten Spielversuche genügen für diese Stunde. Am Ende sollten die Schüler Gelegenheit erhalten, sich über die Erfahrungen, die sie im Spiel mit sich und anderen machten, auszutauschen.

Phase 4:

In dieser Phase wird nun erstmals eine Rollenspieltechnik, nämlich der Monolog, eingebracht. Voraussetzung für ein solches Spiel – wie für alle übrigen Rollenspielformen – ist das Erarbeiten einer konkreten Rollenvorstellung anhand des Textes. Zu diesem Zweck erhalten die Schüler den Arbeitsauftrag, den Text in Stillarbeit noch einmal durchzugehen und zu versuchen, sich ein Bild von den beiden zu machen:

- Wie stellt ihr euch Renate vor? Wie alt ist sie? Wie sieht sie aus, groß, klein, dick, schlank etc.
- Versucht, euch Renate deutlich vorzustellen.
- Wie stellt ihr euch Erich vor? Wie alt ist er? Wie sieht er aus, groß, klein, schlank, kräftig etc.?
- Wie ist er angezogen? Elegant, schlampig etc.?

Bei dieser Aufgabe geht es darum, den Schülern ihre eigenen inneren Bilder bewußt und zugänglich zu machen. Gleichzeitig entwickeln sie eine Vorstellung von den handelnden Personen, die es ihnen ermöglicht, sie anschließend im Spiel darzustellen. Wichtig ist der Hinweis, daß legitimerweise bei jedem ein anderes Bild entstehen wird, da durch den Text die Personen nur zum Teil festgelegt sind. Die Schüler erleben den Vorgang der Textergänzung bei sich selbst damit bewußter und erfahren, daß die eigene Subjektivität wichtig ist und sie ein Recht haben, ihre eigenen Bilder ernstzunehmen.

Sind die Bilder ausreichend deutlich (eine Verständigung über sie ist nicht notwendig, eher der Hinweis auf die Unterschiedlichkeit und Berechtigung subjektiver Füllungen) kann die Szene im Café gespielt werden. Hier sollte nochmals auf die Möglichkeit des Rollenwechsels hingewiesen werden, auf das Austauschen von Spielern und Beobachtern, damit nicht der Eindruck entsteht, daß die Spielenden eine Vorstellung für die Mitschüler geben sollen. Finden sich keine Spieler, empfiehlt es sich, die Begegnung von Renate und Erich in eine Massenszene einzubetten. Hier sind alle Schüler zunächst Besucher des Cafés und gestalten beliebig eine Rolle: Teilnehmer einer Reisegesellschaft, Bedienung, Einzelbesucher etc. Renate und Erich sind dann nur Teil dieser Szene, ihr Spielbeitrag muß sich nicht auf den Text beziehen und sollte auch nicht im Mittelpunkt stehen. Diese Massenszene dient vorrangig der Auflockerung und Hinführung zum Spiel. Im Anschluß an sie sollte die Szene nur zwischen Renate und Erich weitergeführt werden.
Sind Spieler für die beiden Rollen gefunden, muß der Lehrer zunächst einmal demonstrieren, wie in eine Rolle hineingefunden werden kann. Dazu führt er einen Monolog und weist auf dessen Funktion hin, sich in die Rolle hineinzuversetzen. Beispiel: Ich bin Renate. Ich bin 32 Jahre alt (nicht „ungefähr", weil die konkreten Personen ihr konkretes Alter, ihren konkreten Beruf etc. kennen). Ich bin auf dem Weg nach Aachen. Ich freue mich auf den Urlaub, denn mein Beruf ist oft auch langweilig. Jetzt haben wir gerade den Schlußverkauf hinter uns. Ich bin groß und schlank. Wenn ich in den Spiegel sehe, freue ich mich, daß ich so gut aussehe.
Dieser Monolog darf ruhig ausführlich sein. So weit Informationen im Text gegeben werden, sollen sie aufgenommen werden. Es kann deutlich werden, daß auch der Lehrer den Text mit subjektiven Deutungen füllt. Nach dem Beispiel des Lehrers sollen verschiedene Schüler versuchen, die Rolle zu konstruieren und Monologe durchzuführen. Lehrerfragen können die Gestaltung konkreter machen:

- Wie lebst du? Hast du auf den Urlaub gespart?
- Bist du verheiratet? Hast du Kinder? Lebst du noch bei deiner Mutter, deinen Eltern?

Die Fragen sollen den Text ergänzen und die Gestalt deutlicher werden lassen. Dabei kann den Schülern auch einsichtig werden, daß Dichtung immer Neuschöpfung ist. Renate und Erich existieren ja nur in der Vorstellung von Max von der Grün, und sie werden in unserer Vorstellung neu geschaffen. Anfangs werden sich die Schüler an das Vorbild des Lehrers halten, weil sie mit der Methode beschäftigt sind, später entwickeln sie eigene Rollenvorstellungen. In den Rollenkonstruktionen werden häufig auch Wünsche und Befürchtungen der Schüler sichtbar. Allerdings ist vor kurzschlüssigen Interpretationen zu warnen, weil für die Rollenkonstruktion auch Fernseheindrücke oder Eindrücke aus der persönlichen Beschäftigung mit Literatur herhalten.
Ebenso wie die Rolle von Renate wird die Rolle von Erich möglichst wieder durch verschiedene Schüler konstruiert.

Phase 5:

Bevor die Schüler mit der Darstellung der Szene im Café beginnen, ist es notwendig, daß sie eine Vorstellung vom Ort der Handlung entwickeln, die so deutlich sein sollte, daß sie sich selbst tatsächlich in diesem Raum bewegen können, und die es späteren Spielern ermöglicht, in demselben Raum zu agieren. Die Schüler erhalten die Aufgabe, sich ein inneres Bild des Cafés zu machen und dieses Bild mitzuteilen. Auch hier kann der Lehrer zur Konkretisierung der Vorstellung durch Fragen beitragen:

Wo ist die Theke? Wie ist das Café eingerichtet? Anordnung der Türen, Fenster? Wo kommst du herein? Beleuchtung? etc.
Ebenso wird die Zeit der Handlung genau festgelegt (heißer Julivormittag).
Die Spieler erhalten nun die Aufgabe, das Gespräch zwischen Erich und Renate nachzuspielen. Dies entspricht *nicht* unserem sonstigen Vorgehen bei der Bearbeitung von Texten, wo wir auf das Nachspielen von Textteilen verzichten und versuchen, nur Leerstellen ausgestalten zu lassen. In diesem Fall ist die Vorlage als Spielübung sehr gut geeignet, da sie zwei Handlungsebenen (innere und äußere) enthält, so daß über die Darstellung der äußeren Ebene eine Reflexion der inneren möglich wird. Die Unterhaltung von Renate und Erich sollte mehrmals gespielt werden. In der Reflexionsphase kann folgenden Fragen nachgegangen werden:

- Wie habe ich mich als Renate gefühlt?
- Wie waren meine Beziehungen als Renate zu Erich?
- Wie waren meine Beziehungen als Erich zu Renate?
- Wie habe ich mich als Erich gefühlt?
- Wie wurden die Spieler von den Beobachtern gesehen?
- Was haben die Beobachtungen in den Spielern ausgelöst?

Phase 6:

Bei der Reflexion wird wahrscheinlich deutlich, daß die offene Kommunikation und die verdeckte Kommunikation unterschiedlich ablaufen. Renate schaut Erich nicht an, sie lachen viel, obwohl sie nicht wirklich fröhlich sind.
Um dies zu verdeutlichen, wird an dieser Stelle die Methode des Doppelns eingeführt. Den Schülern sollte erklärt werden, daß das Doppel ermöglicht, was die Wirklichkeit nicht zuläßt: die Darstellung einer zweiten Ebene parallel zur Darstellung einer äußeren Handlung. Der Lehrer sollte für das Doppeln ein Einführungsbeispiel geben, indem er Renate und Erich nochmals ihr Gespräch führen läßt. Er sollte von Beginn an hinter einem von beiden stehen und an einer Stelle, an der Sagen und Fühlen deutlich auseinanderfallen, an Stelle des Spielers in der Ich-Form weiterreden.
Beispiel: Erich gibt das Stichwort, er sei Einkaufsleiter bei einer Werft. Der Lehrer doppelt nun die Spielerin von Renate: Ob er wohl verheiratet ist? Einen Ring trägt er nicht – was hat er bloß für schöne Hände – meine Güte, damals hatten wir Streit miteinander, aber eigentlich habe ich ihn gern gehabt. Nur war er mir zu wenig, als Schlosser hätte er nicht viel verdient. Ich wollte doch gerne eine schöne Wohnung haben etc.
Bevor die Schüler nun selbst versuchen, Renate und Erich zu doppeln, sollten die Regeln nochmals erklärt werden: Das Doppel ist eine Hilfe für den Spieler, in diesem Fall seine innere Stimme. Der Spieler kann sich gegen das Doppel wehren, wenn er den Eindruck gewinnt, daß die beschriebenen Gefühle falsch sind. Das Doppel kann wechseln, neue Doppel treten einfach hinzu, das alte nimmt wieder als Beobachter Platz.
Nun kann das Gespräch im Café, unterbrochen jeweils durch die Doppel als innere Stimmen, nochmals gespielt werden. Falls das Bedürfnis deutlich wird, sollten auch Wiederholungen durch andere Spieler ermöglicht werden.
In der Reflexionsphase können nochmals die Fragen aufgegriffen werden, die schon in Phase 5 beim Auswerten der Spielphase gestellt wurden. Mit Sicherheit wird die Diskrepanz zwischen äußerem und innerem Geschehen deutlich geworden sein. Es kann nun die Frage nach den Ursachen für das Verhalten von Renate und Erich gestellt werden.

Phase 7:

Die Frage danach, welche Ursachen dem Verhalten der beiden zu Grunde liegen und wie es ihnen nach dieser mißglückten Begegnung geht, kann, statt im Unterrichtsgespräch, wieder in Form eines Rollenspiels geklärt werden.
So kann Renate einen Monolog in ihrem Zugabteil sprechen, nachdem sie sich von Erich getrennt hat; Erich kann auf dem Weg zur Baustelle laut über die Ereignisse des Tages reflektieren.
Auch für diese Monologe müssen Zeit und Ort der Handlung genau beschrieben werden. Die Spieler sollten wieder durch Doppel, teilweise auch durch den Lehrer, unterstützt werden. Dies besonders dann,
- wenn der Sprechende nicht mehr weiter weiß, wenn er die Worte nicht mehr findet (unterstützendes Doppel),
- wenn der Sprechende keinen Bezug zu seinen Gefühlen findet, d.h. er nur die Ereignisse wiederholt oder neue Aktionen plant, kann das Doppel versuchen, die Gefühlsregungen auszudrücken,
- wenn der Sprechende in Selbstanklagen verfällt, kann das Doppel auch sein Ich stützen. Z.B. sagt Renate: „Hätte ich nur nicht so angegeben, wie dumm war ich", dann kann das Doppel sagen: „Ich habe es schon erlebt, daß ich verachtet wurde, wenn ich erzählt habe, ich sei nur Verkäuferin in einem Warenhaus, ich wollte mich schützen, das ist mein gutes Recht ..."

In der anschließenden Reflexionsphase wird versucht, die im Spiel gewonnenen Erkenntnisse zu verbalisieren:
- Worin sehen die beiden die Ursachen für ihr Verhalten?
- Welche inneren und äußeren Mechanismen zwingen zu diesem Verhalten?
- Welche Gefühle begleiten diese Einsichten?

Phase 8:

Wünschenswert ist, daß die Schüler nicht nur die Ursachen und Auswirkungen des im Text beschriebenen Verhaltens kennenlernen, sondern den Bezug zu ihrer eigenen Lebensrealität herstellen. Auch sie tragen Masken und sind aus Angst vor Ablehnung oft unfähig, ihre Sehnsüchte nach Nähe und Verständnis offen zu äußern.
Sie sollten sich daher überlegen, ob ihnen bei der Bearbeitung der Geschichte von Renate und Erich Situationen aus ihrer eigenen Erfahrungswelt eingefallen sind, die ähnlich verliefen. Diese Situationen können zunächst im Gespräch und dann in kleinen Rollenspielen vorgestellt werden.
Zuvor muß jedoch der Lehrer überlegen, welcher Bericht sich für das Spielen vor dem Klassenplenum eignet (zu beachten ist dabei sowohl der Zeit- als auch der mögliche Gruppendruck) und welche ganz persönlichen Schwierigkeiten anschließend vielleicht besprochen werden können oder besser im Interesse der betroffenen Schüler nicht offen bearbeitet werden sollten. Es ist immer zu bedenken, daß Rollenspiele sehr tiefgreifende Erinnerungen im Spieler und im Beobachter wach rufen, die Ängste mobilisieren können, aber auch Ablehnungen und Widerspruch aktivieren.

Phase 9:

Ergänzend, oder falls die Bearbeitung eigener Erfahrungen der Schüler noch nicht möglich oder nicht angemessen erscheint, können auch Alltagsszenen gespielt werden, die zwar vom Lehrer vorgegeben werden, aber doch weitgehend der Realität der Schüler entsprechen dürften. Wir geben hier einige Beispiele, die zu ergänzen oder zu ersetzen sind:
- Dieter ist 15 Jahre alt, groß, ein wenig ungelenk und unsportlich. Er ist eigentlich schüchtern und wagt nicht recht, ein Gespräch mit Mädchen anzufangen. Aber

er denkt, daß von ihm Erfahrungen erwartet werden. Er möchte gerne als „toll und forsch“ gesehen werden. Deshalb gibt er an, er sei gestern abend ausgegangen, in eine Disco, hätte mit Mädchen getanzt etc.
Versucht ein Gespräch mit Freunden zu spielen. Dieter gibt an, erzählt aufregende Geschichten, sein alter Ego – (sein anderes Ich) – konfrontiert ihn mit seiner Angst, seiner Schüchternheit. Eigentlich möchte er eine Freundin, mit der er schwimmen gehen könnte, eine Wanderung machen, die Interesse an seiner Briefmarkensammlung hat.

- Anneliese, 15 Jahre, erzählt von ihren Verehrern. Sie fahren Motorräder, sind reifer als die Klassenkameraden, gehen abends lange weg. Dabei wird ihr bewußt, daß sie eigentlich in einen Jungen aus ihrer Klasse verliebt ist, aber niemals würde sie dies zugeben.

- Herbert erzählt, wie er dem Physiklehrer mitgespielt hat, wie er einfach gemauert hat, spöttische Bemerkungen vom Stapel gelassen hat. Insgeheim spürt er aber, daß er sehr gerne Physik macht. Er wäre froh, wenn er in ein offenes, partnerschaftliches Gespräch mit dem Physiklehrer käme, in dem er Sachfragen klären könnte. Aber wie soll er es sagen, ohne sein Gesicht zu verlieren?

Wenn die Zusammenhänge über das Rollenspiel, unter Zuhilfenahme von Doppel, Monolog, Rollentausch und Rollenwechsel erfaßt werden, dann erleben die Beobachter, daß sie der verdeckten Person, z. B. dem schüchternen Dieter, der hilflosen Anneliese, dem wißbegierigen Herbert mehr Achtung und Sympathie entgegenbringen können als dem Angeber. Diese Rückmeldungen sind oft befreiend und öffnen auch in der Klasse Wege zueinander.

Phase 10:

Zum Abschluß der Text-Bearbeitung sollen sich die Schüler mit der Frage auseinandersetzen, welche alternativen Verhaltensweisen in Begegnungssituationen, wie sie der Text beschreibt, denkbar wären und welche Schwierigkeiten sich bei ihrer Realisierung einstellen können.
In einem weiteren Spiel kann dieses andere Verhalten erprobt werden; Erich kann z. B. in einer modifizierten Wiederholung des Gesprächs versuchen, Renate gegenüber offen, ohne Maske zu sprechen, auf die Gefahr hin, daß er ihren Spott riskiert. Ein solcher Spielversuch kann an der Stelle beginnen, wo Renate fragt: Bist du nicht verheiratet? Es braucht nicht jedesmal das ganze Gespräch wiederholt zu werden. Bei ausreichender Zeit sollten möglichst viele, von den Schülern entwickelte Alternativen konkretisiert werden. Die Spieldauer einer Szene sollte 5–7 Minuten nicht überschreiten.
In der Reflexion sollte im Mittelpunkt stehen:
Wie schwierig ist es, sich jemand zu öffnen, anzuvertrauen? Welche Ängste tauchen dabei auf? Was kann durch eine Öffnung gewonnen, was verspielt werden?

Phase 11:

Wenn der Text – wie von uns vorgesehen – zur Einführung von Rollenspieltechniken benutzt wurde, sollte sich an die eigentliche Textarbeit eine gemeinsame Reflexion über die Methode anschließen. Diese Reflexion sollte vorrangig aus den Anregungen, der Kritik und den persönlichen Erfahrungen bestehen, die die Schüler während der Bearbeitung machen konnten. Zusätzlich muß der Lehrer aber auch die Funktion der einzelnen Techniken für die Bearbeitung erläutern und zwar so, daß die Schüler für sich überprüfen können, ob die einzelnen Techniken für sie selbst die ihnen zugeschriebenen Funktionen erfüllen konnten.

Doppeln / Alter ego

Was habe ich erfahren, wie ich gedoppelt wurde? War es störend, ungewohnt, unterstützend, erhellend oder wie sonst? Was habe ich als anderes Ich erlebt? Wo war ich sicher, wo unsicher, spürte ich den anderen, oder war ich so bemüht, ja gut zu sein, daß ich auf den Spieler nicht achten konnte.

Monolog

Half mir der Monolog in die Rolle herein zu kommen? Erlebte ich das Selbstgespräch während des Spiels als Unterstützung, als Störung, als Ablenkung?

Rollenwechsel

Wurde der Zusammenhang für mich deutlicher, weil die Rollen von Renate und Erich immer wieder von anderen Personen gespielt wurden, oder war dies eher verwirrend? Wenn Unklarheiten in bezug auf Doppeln und Monolog bestehen, können diese Formen nochmals an Alltagssituationen erprobt werden, z.B.:

- Soll ich von meinem Taschengeld ein Eis kaufen oder soll ich das Geld endlich für ein Fahrrad sparen?
  Ich gehe mit mir selbst zu Rate und halte ein Selbstgespräch.
- Ich soll eine Arbeit schreiben. Ich möchte mich davor drücken, und ich spüre auch, wie mir ganz übel wird. Nun kann ich gut nach Hause gehen. Ich gehe zum Lehrer und entschuldige mich. Ein Schüler versucht zu Doppeln, er kann dies auf ganz verschiedene Weise tun:
  Er unterstützt mich: Er steht hinter mir und sagt: Ja, ich habe gestern Fisch gegessen, es ist wirklich nicht zumutbar. Es ist mein gutes Recht, heimzugehen, sonst bekomme ich eine schlechte Note.
  Er zeigt mir die eigentlichen Zusammenhänge: Ich habe Angst, ich will mich drükken. Aber ich habe es nicht nötig, denn ich bin in der Lage, die Arbeit zu schreiben.
  Er hilft mir, mein Anliegen sprachlich zu formulieren: Der Spieler steht vor dem Lehrer, druckst herum und weiß nicht, was zu sagen.

Die Methode des Doppelns soll also dem Spieler helfen, seine Rolle so zu spielen, wie er sie als ganze Person möchte. Dazu gehört, daß er seine Ängste, seine Erwartung wahrnimmt, daß er mit seiner Mutlosigkeit kämpft und daß er es lernt, sich sprachlich deutlich auszudrücken. Natürlich braucht nicht jeder Spieler die gleiche Hilfe, deshalb muß der, der doppelt, sich einfühlen und offen für den Spieler sein.

Hausaufgabe

Als Hausaufgabe können die Schüler als Renate oder Erich jeweils einen Brief an den anderen schreiben, in dem sie versuchen, sich selbst darzustellen und ihre Handlungsweise zu erklären. Durch diese Aufgabe müssen die Schüler sich nochmals mit dem gesamten Problemzusammenhang auseinandersetzen.

Frederik Hetmann, Antonella* (Einführung in die Technik des Rollenspiels für Kl. 5–7)

Didaktische Analyse

Die Geschichte Antonellas (vgl. S. 46ff.) ist eine Kurzgeschichte mit dem für diese Gattung typischen offenen Schluß, sie ist eingebettet in eine Rahmenerzählung, die die eigentliche Geschichte kreisförmig umschließt.

* Bearbeitung zusammen mit Hannelore Helber

Diese Rahmenerzählung dient nicht nur dazu, zur Geschichte Antonellas hinzuführen, sie reißt einen zweiten Problemkreis neben der Außenseiterproblematik Antonellas auf: das Leid und das Unglück anderer wird für den Betrachter leicht zur Sensation; Identifikation mit dem Leidenden und damit Mitleiden findet aus der Zuschauerperspektive nicht statt. Auf diesen Aspekt des Textes wird in der vorliegenden Bearbeitung jedoch nicht eingegangen.

Von der Rahmenfigur Klaus und dessen Begeisterung für Krankenwagen wird zur Hauptfigur Antonella übergeleitet, die sich gerade – nach einem Unfall – in einem Krankenwagen befindet. Klaus würde gerne in den Krankenwagen hineinsehen. Wenn er das könnte, würde er die Geschichte erfahren, die so nur der Leser erfährt. Dem Leser wird stellvertretend für ihn die Geschichte mitgeteilt, die Klaus vorenthalten bleibt. Der Leser schaut über Klaus in die Geschichte hinein, denn er ist der eigentliche Anlaß innerhalb der Geschichte, das Vorgefallene weiterzuerzählen. Eine direkte Beziehung zwischen Klaus und Antonella besteht nicht, seine Erfahrungen mit eigenen Sprachschwierigkeiten in Italien dienen lediglich dazu, auf die Probleme Antonellas überzuleiten.

Der Text „Antonella“ nimmt ein wichtiges Thema auf: Das Entstehen von Außenseitern durch Vorurteile und das Aufrechterhalten von Außenseiterpositionen durch Stigmatisierung am Beispiel eines Ausländerkindes. Untersuchen wir kurz, inwieweit das ein allgemeines Problem ist und weshalb Vorurteile für die Hierarchisierung in Gruppen typisch sind.

Nach Elfriede Höhn spielt für den Rangplatz, den ein Schüler in der Klasse einnimmt, der sozio-ökonomische Status des Elternhauses die dominante Rolle. Schon geringfügige Abweichungen in Kleidung und Sprache führen zu einer Stigmatisierung, vor allem dann, wenn diese Abweichungen sich mit Vorurteilen solcher Eltern treffen, die Einfluß auf den Umgang ihrer Kinder nehmen. Dieses Abschließen der eigenen sozialen Gruppe, vor allem gegenüber der direkt benachbarten nächstniedrigen Gruppe (z.B. Hauptschüler gegen Sonderschüler und Ausländer; weiße amerikanische Unterschicht gegenüber Farbigen) und das Begründen dieser Ablehnung oder ihre Aufrechterhaltung mit Hilfe von Vorurteilen hat nicht primär ideologische, rassistische oder einfach fremdenfeindliche Motive, sondern vorrangig ökonomische: Durch keine andere Gruppe ist die eigene ökonomische Existenz stärker gefährdet wie durch die direkt unter einem stehende und nach Aufstieg strebende, die möglicherweise den eigenen Platz einnehmen könnte und so den eigenen sozialen Abstieg bewirken würde. Auch unter dem Gesichtspunkt der Selbsteinschätzung des eigenen gesellschaftlichen Status, bei der immer die Tendenz besteht, sich zu hoch einzuschätzen, ist diese starke Abgrenzung zu sehen: Führt einem doch diese sozial benachbarte Gruppe permanent vor Augen, in welcher realen Situation man sich tatsächlich befindet. Sie stört so erheblich den Prozeß der eigenen Selbstüberhöhung und zwingt zur Auseinandersetzung mit der eigenen, verdrängten sozio-ökonomischen Stellung.

Ebenso wirksam wie der eben beschriebene übergeordnete sozio-ökonomische Faktor sind für das Entstehen und die Aufrechterhaltung von Vorurteilen Prozesse, die innerhalb einer Gruppe ablaufen: So bewirkt zunächst einmal der Kampf um Rangplätze innerhalb der Hierarchie einer Gruppe eine Hackordnung. Dort, wo diese Hierarchisierung nicht durch Autorität, Körperkraft, besondere Leistung, gesellschaftlichen Status oder ähnliches hergestellt wird, steht zunächst einmal automatisch das fremde, am wenigsten mit den Eigenschaften der Gruppe konforme Wesen am Ende der Rangskala. Die gesamten Frustrationen und Aggressionen, die sich z.B. durch den Zwangscha-

Antonella

Klaus hat Krankenwagen gern. Sie sausen durch die Straßen. Sie haben ein leuchtendrotes Kreuz aufgemalt. Die Sirene kann man weithin hören. Auf dem Dach blinkt ein blaues Licht. Klaus hat Krankenwagen gern. Fast so gern wie Polizeiautos. Schade, daß man nicht sehen kann, wer in dem Krankenwagen liegt. Klaus möchte den Krankenwagen am liebsten anhalten. Aber das geht doch nicht, meint Klaus' Mutter.

Wenn er hineinschauen könnte, würde er sehen, daß auf der Bahre ein Mädchen liegt. Das Mädchen ist zwei Jahre älter als Klaus. Ihre Augen sind geschlossen. An der Stirn ist ein Loch. Aus dem Loch fließt Blut. Das Mädchen heißt Antonella.

Sie ist mit ihren Eltern aus Italien in die Bundesrepublik gekommen, weil ihr Vater in Italien keine Arbeit finden konnte. Klaus ist schon einmal in Italien gewesen, in den Ferien mit seinen Eltern. Sie haben am Strand gelegen. Sie sind jeden Tag im Meer geschwommen. Der Vater hat einmal gesagt: „Wir fahren nach Italien, weil dort immer blauer Himmel ist."

In Italien sprechen die Menschen Italienisch.

In der Bundesrepublik sprechen die Menschen Deutsch.

Italienisch ist eine Sprache, die Klaus nicht versteht. Deutsch ist eine Sprache, die Antonella kaum versteht. Antonella soll in der Schule in Deutschland die deutsche Sprache lernen. Die deutsche Sprache ist eine schwere Sprache. Die Lehrerin ist eigentlich immer nett zu Antonella gewesen, aber einmal in der Rechenstunde hat sie zu ihr gesagt: „Was sollen wir denn mit dir machen, wenn du die Textaufgaben nicht verstehst?"

In Italien hat Antonella eine gute Note im Rechnen gehabt. In der Bundesrepublik hat sie die Rechenaufgaben oft nicht lösen können. Auf dem Schulhof, in der Pause, haben die anderen Kinder nicht mit Antonella spielen wollen.

Ein Mädchen hat zu ihr gesagt: „Komm mir nur nicht zu nahe.

Meine Mutter hat gesagt, ihr Ithaker habt Flöhe."

Andere Kinder haben gerufen: „Spaghettifresser, Ithaker!" Antonella hat begriffen, daß dies Schimpfnamen sind. In der Baracke, in der Antonellas Familie wohnt, sind die Kinder am Nachmittag immer allein. Antonella hat auf ihre jüngeren Geschwister aufpassen müssen. Abends sind der Vater und die Mutter immer sehr müde.

Am Morgen ist Antonella manchmal ohne Hausaufgaben in die Schule gekommen. Lange hat es die Lehrerin nicht bemerkt. Die Lehrerin hat Antonella im Unterricht nicht mehr aufgerufen, weil es immer so lange dauerte, bis Antonella eine Antwort herausbrachte. Sie hat gar nicht dazugehört. Sie hat nur dabeigesessen.

Einmal hat die Lehrerin am Morgen gefragt: „Wer hat heute seine Hausaufgaben nicht gemacht?? Er soll sich gleich melden!"

Antonella hat nicht sofort verstanden, was die Lehrerin meinte. Da hat schon eines der deutschen Mädchen den Finger ausgestreckt und gesagt: „Die Spaghettifresserin hat ihre Hausaufgaben nicht." Alle haben lachen müssen, auch die Lehrerin ein bißchen, nur Antonella nicht. Die Lehrerin hat zu dem Mädchen gesagt: „Inge, du sollst nicht petzen."

Aber dann hat sie von Antonella verlangt, sie solle ihre Hausaufgaben vorzeigen. Da hat sich herausgestellt, daß Antonella keine Hausaufgaben macht.

Im Herbst sind die anderen Kinder in die nächste Klasse versetzt worden, aber Antonella mußte die dritte Klasse wiederholen.
Vater und Mutter haben zu ihr gesagt: „Du mußt fleißiger sein, Antonella. In Deutschland sind alle Leute sehr fleißig.“
Nach den Ferien ist Antonella wieder in die Schule geschickt worden. Der Vater hat gesagt, wenn er hört, daß sie die Schule schwänzt, schickt er sie zurück nach Italien zur Großmutter.
Als in der Klasse die Plätze verteilt wurden, hat Dora gesagt: „Neben einer Spaghettifresserin möchte ich nicht sitzen.“ Die Lehrerin hat mit Dora geschimpft, und Dora hat sich doch neben Antonella setzen müssen.
Wenn die Lehrerin einmal nicht herschaute, haben Dora und die Mädchen in der Bank hinter Antonella Fratzen geschnitten und sie an den Haaren gezogen.
Sie haben auch geflüstert: „Spaghettifresserin“ immer wieder: „Spaghettifresserin.“
Heute morgen hat Dora ihren Füllfederhalter nicht finden können. Sie hat zu ihren Freundinnen gesagt: „Den bin ich los für immer ... den hat die Spaghettifresserin geklaut.“
Antonella hat nein, nein geschrien, aber die anderen Mädchen haben Dora zugestimmt und gerufen: „Die hat ihn. Klarer Fall.“ Dann haben sie versucht, Antonella die Schultasche wegzunehmen, um sie zu durchsuchen. Antonella hat die Tasche fest an sich gedrückt. Sie hat gehofft, die Lehrerin werde hereinkommen. Sie hat gemerkt, wie immer mehr Kinder auf sie einschlugen und sie an den Haaren und an den Kleidern rissen. Da hat sie die Tasche plötzlich fallenlassen und ist fortgelaufen. Einfach fort.
Sie hat nicht gewußt, wohin. Den Gang entlang, die Treppe hinunter, über den Hof, ohne nach rechts oder links zu sehen, über die Straße.
Antonella hat das Auto nicht kommen sehen. Der Autofahrer hat nicht rechtzeitig bremsen können. Antonella ist von dem Auto überfahren worden.
Der Fahrer ist herausgesprungen und hat geschimpft:
„Du blödes Gör, kannst du nicht besser aufpassen?“
Leute sind stehengeblieben und haben zu dem Autofahrer gesagt, er sei nicht schuld.
„Ist doch klar“, hat ein Mann gemeint, „wo die her sind, da gibt's doch keine Autos. Nur Esel und Maultiere.“
Ein Krankenwagen ist gekommen. Die Krankenträger haben Antonella auf die Bahre gelegt. Sie hat die Lippen bewegt und etwas gemurmelt, aber die Augen sind zu gewesen.
Der eine Träger hat zu dem anderen gesagt: „Was murmelt die denn da?“
„Weiß ich doch nicht!“ hat der andere geantwortet. „Glaubst du, ich kann Italienisch? Los, komm, nun mach schon!“
Jetzt muß der Krankenwagen rasch abfahren. Der Mann am Steuer schaltet das Blaulicht ein und gibt Gas. Die Sirene macht herrlich Krach. Der Krankenwagen saust um die Ecke.
Krankenwagen sind schön weiß und haben ein leuchtendrotes Kreuz aufgemalt. Klaus hat Krankenwagen gern. Fast so gern wie Polizeiautos.

Frederik Hetmann

Frederik Hetmann: Bitte nicht spucken, Recklinghausen 1972, Georg Bitter Verlag

rakter vieler schulischer Prozesse bei den Gruppenmitgliedern ergeben, entladen sich am schwächsten Gruppenmitglied. Dies ist häufig in der Schule ein Ausländerkind, das sowohl aufgrund seines sozio-ökonomischen Status als auch durch seine Andersartigkeit an das Ende der Rangskala gedrückt wird, und sei es nur, weil die anderen Gruppenmitglieder die geforderte Sprache besser beherrschen.

Welche verheerende Wirkung mittelschichtsorientierte Lehrpläne, Sprachformen und Normen der Lehrer gerade auf die Position von ausländischen Schülern in der Klasse haben können, bedarf keiner weiteren Ausführungen. Zudem übersehen Lehrer, bei denen die Stoffvermittlung im Vordergrund steht, häufig, welche Kinder sozial isoliert sind und eigentlich ihre Unterstützung benötigen.

Das Bewußtmachen und möglicherweise Aufbrechen von Vorurteilen liegt nun nicht nur einseitig im Interesse der davon Betroffenen, sondern ebenso im Interesse derer, die mit diesen Vorurteilen behaftet sind. Auf der Handlungsebene ist es dem mit den Vorurteilen behafteten und so in seiner Erkenntnisfähigkeit Eingeschränkten unmöglich, sich situationsangemessen zu verhalten, da er durch stereotype Denkschemata auch zu stereotypen Handlungen gezwungen wird.

Mit Hilfe des vorliegenden Textes sollen die Schüler überprüfen, inwieweit ihr eigenes Denken und damit Verhalten durch Vorurteile beeinflußt wird. Diesem ersten Schritt der Bewußtmachung muß ein zweiter folgen: Der Aufbau einer Motivation für eine andersartige Verhaltensweise und die Erprobung neuer Handlungsstrategien, in diesem Fall das solidarische Handeln und Fühlen mit den ausländischen Mitschülern. Dies ist jedoch nicht möglich, wenn nur durch das Anbieten rationaler Lösungen allein versucht wird, eine Veränderung zu erreichen. Zuerst müssen die Schüler ihre eigenen Emotionen bearbeiten, die in bezug auf dieses Problem bei ihnen zweifellos schon vorhanden sind. Zudem sollen sie die Situation eines Außenseiters, seine Gefühle, Ängste und Hoffnungen möglichst unmittelbar an sich selbst und nicht vermittelt in einem Darübersprechen erfahren können. Es geht also beim Ausfüllen einiger Textstellen durch Rollenspieltechniken nicht darum, den Prozeß von Ursache und Wirkung nachzuspielen, sondern darum, die Bearbeitung des Textes so zu gestalten, wie es den vorhandenen Gefühlen, Erwartungen und Wünschen der Schüler entspricht. Das, was die Schüler im Anschluß an den Text darstellen, ist das, was der Text in ihnen unmittelbar an Vorstellungen, Ängsten und Projektionen durch seine Unbestimmtheitsstellen auslöst und nicht eine vom Text losgelöste Phantasie.

Ebenso wie mit der Bearbeitung des Textes von Max von der Grün eine Einführung in die Techniken des Rollenspiels für die Klassen 7–10 verbunden wurde, kann der Text „Antonella“ für die Einführung des Mediums in den Klassen 5 bis 7 benutzt werden. Erfahrungsgemäß haben jüngere Schüler geringere Widerstände zu überwinden, sich im Spiel auszudrücken als ältere, häufig genügt zur Einführung die genaue Beschreibung der Spielaufgabe oder das Vorspielen des Lehrers.

Am Beginn der Stunde sollten die Schüler darauf hingewiesen werden, daß der vorgestellte Text mit ihnen bislang unbekannten Formen auch spielerisch bearbeitet werden soll. Dies verbunden mit der Bitte, sich zunächst einmal vertrauensvoll auf diese Formen einzulassen und mögliche Bedenken und Kritik bis zum Ende der Bearbeitung zurückzustellen.

Unterrichtsverlauf

Phase 1:

Als Anknüpfungspunkt kann die derzeitige Diskussion in den Medien über die Probleme der ausländischen Arbeitnehmer gewählt werden. Wir bevorzugten jedoch bei unseren Versuchen Einführungen, die an den unmittelbaren Erfahrungen der Schüler ansetzen: Die Schüler sollen, jeder für sich und möglichst ohne daß die Mitschüler Einblick erhalten, spontan in Stichworten notieren, was ihnen zu dem Begriff „Ausländer" einfällt. Damit wird erreicht, daß während der Stunde die Schüler sich nicht abgehoben mit den Vorurteilen anderer, sondern mit ihren eigenen auseinandersetzen müssen.

Diese Notizen werden nicht vorgelesen, sondern den Schülern wird erklärt, daß in der folgenden Doppelstunde die Probleme, die sie jeder für sich sicher auf ihren Blättern angerissen haben, mit Hilfe eines Textes behandelt werden sollen und sie selbst am Ende der Stunde ihre eigenen Notizen korrigieren oder ergänzen können, wenn sie dies wollen.

Natürlich wäre es auch möglich, die Schüler ihre Assoziationen vorlesen zu lassen, doch befürchten wir, daß daraufhin eine umfassende Diskussion notwendig würde, die sich im Austausch von mehr oder minder rationalen Argumenten in dieser Unterrichtsphase erschöpfen müßte und bei der möglicherweise nur bestehende Vorurteile verfestigt würden.

Phase 2:

Der Text kann entweder zunächst vollständig vorgestellt werden, und im Anschluß daran wird gespielt. Die Schüler sollten zuvor noch Gelegenheit haben, ihre Leseeindrücke zu äußern, ohne daß der Lehrer wertend eingreift.

Eine andere (hier dargestellte) Möglichkeit ist, den Text in Abschnitten gemeinsam mit den Schülern zu erlesen und an ausgewählten „Unbestimmtheitsstellen" jeweils die Rollenspiele direkt anzuschließen.

„Antonella hat begriffen, daß dies Schimpfnamen sind."

Diese Stelle bietet den Schülern die Möglichkeit, durch die Übernahme der Rolle des Ausländerkindes ihre eigenen Außenseiterprojektionen darzustellen und an der Wirklichkeit zu messen. Während sie sich in dieser Rolle einerseits gefühlsmäßig mit der isolierten und verhöhnten Antonella und mit deren Bedürfnissen nach Gemeinsamkeit, Anerkennung und Integration identifizieren, wird ihnen andererseits vielleicht auch schon bewußt, inwieweit ihr eigenes Verhalten möglicherweise schon einmal einen Mitschüler in eine solche Rolle gedrängt hat. Ebenso können Kinder, die sich in einer Außenseiterposition befinden, im Schutz der fremden Rolle ihre eigenen Ängste und Erfahrungen artikulieren, ohne sich selbst zu stark zu exponieren. Zwei Spielsituationen werden vorgegeben:

- Antonella steht abseits auf dem Pausenhof und legt in einem Monolog ihre Gefühle, Erwartungen und Ängste dar. Dabei können sich Mitschüler hinter den Spieler stellen und dessen Monolog erweitern und ergänzen (Doppeln).
- Es kann eine Szene gespielt werden, in der sich Antonella in einem Dialog mit einem Mitschüler gegen die Zurücksetzung wendet und gleichzeitig die Gründe für ihre Ablehnung durch die Mitschüler zu erfahren versucht.

In beiden Situationen erfahren die Schüler in der Rolle des Außenseiters unmittelbar Gefühle des Ausgeschlossenseins, der Einsamkeit und Hilflosigkeit. Gleichzeitig wird in dieser Rolle von ihnen erwartet, daß sie ihre Wünsche und Vorstellungen zur Bewältigung oder Abschwächung des vorliegenden Konflikts artikulieren, an dessen Entstehung, falls ein solcher in der Klasse konkret gegeben ist, sie auch als Realpersonen nicht unbeteiligt sind oder waren. So kommt es bei den Schülern zu einer durchaus beabsichtigten Konfrontation verschiedener Gefühls- und Bewußtseinsinhalte: Einerseits erleben sie sich selbst in der Rolle des Außenseiters mit den starken Wünschen nach Veränderung der Situation, andererseits stößt die Realisierung dieser Wünsche an die Grenzen des eigenen, durch Vorurteile belasteten Denkens und Handelns.

In der Praxis hat es sich als unerläßlich erwiesen, vor Beginn jeder Darstellung, sei es Monolog oder Dialog, nochmals eine klare Definition der Situation vorzunehmen, in der gespielt werden soll. Erst dann ist es den Schülern möglich, genau an der gewünschten Textstelle einzusetzen und sich selbst in die Situation hineinzuleben. Dabei muß schon in der Aufgabenstellung zur Definition der Situation deutlich werden, daß es sich nicht um ein Nachspielen des Textes, sondern um ein ‚Hineingehen' in den Text handeln soll: „Antonella steht jetzt auf dem Schulhof. Bitte beschreibe einmal, wie es auf diesem Schulhof aussieht." Der Schüler baut beschreibend einen imaginären Schulhof auf. Er sollte dabei möglichst genau auch Details beschreiben und ihre räumliche Anordnung festlegen. „Du bist jetzt Antonella. Es ist gerade große Pause. Bitte zeige uns genau, wo du gerade stehst, wo die anderen Kinder sind, was sie gerade machen, wer in deiner Nähe ist. Stehst du am Rand, in der Mitte?"

Der Darsteller beschreibt die Situation auf dem Schulhof und lebt sich durch die Beschreibung gleichzeitig in sie ein. „Du stehst also ... (Standort des Spielers). Die anderen Kinder wollen nicht mit dir spielen. Sie haben dich gerade beschimpft als Spaghettifresserin, Ithakerin, sie sagen, du hättest Flöhe. Nun stehst du da und denkst nach ..."

Der Spieler beginnt nun seinen Monolog.

Beim Monolog sollte mindestens ein Rollenwechsel stattfinden.

Im Anschluß kann Antonella versuchen, in einem Dialog mit einem Mitschüler die Gründe für deren Ablehnung zu erfahren. Das dialogische Spiel fällt vielen Schülern leichter als der Monolog, dennoch sollte diese Ergänzung nicht ohne den vorhergegangenen Monolog Antonellas eingesetzt werden.

Das Doppel wird durch das Beispiel des Lehrers während des Spiels eingeführt. Er stellt sich einfach hinter den Spieler und hilft ihm, seine Gefühle zu artikulieren. Nach unseren Erfahrungen genügt dieses Modell den Schülern zur Einführung, wenn ihnen gesagt wird, daß sie diese Funktion jederzeit übernehmen können, wenn es ihnen sinnvoll erscheint. In der Regel genügt dann die Anregung des Lehrers: „Wer kann helfen?"

Nach der Darstellung sollte immer ein Austausch darüber stattfinden, was die Protagonisten empfunden haben, was ihnen schwer fiel, was sie verletzte oder überraschte. Auch die an der Darstellung nicht unmittelbar beteiligten Beobachter sollten die Gefühle äußern, die die Darstellung bei ihnen ausgelöst hat. In einem weiteren Schritt kann dann untersucht werden, welche inhaltlichen Aspekte genannt werden.

Phase 3:

Die Textstelle „Da hat sich herausgestellt, daß Antonella keine Hausaufgaben macht", bietet weitere, vertiefende Spielanlässe.

Beim Aufnehmen dieser Stelle im Spiel erhält die Lehrerin eine zentrale Rolle. Bei Übernahme dieser Rolle können die Schüler über die direkte Reflexion des Verhältnisses Antonella – Lehrerin hinaus ihr eigenes Lehrer- Schüler-Verhältnis bearbeiten. Verhaltensweisen, die sie der Lehrerin im Spiel zuschreiben, werden möglicherweise solche sein, die sie schon erlebt haben, sich wünschen oder vor denen sie sich fürchten. Andererseits werden sie aber auch in dieser Rolle die Grenzen der Handlungsmöglichkeiten der Lehrerin erfahren und so möglicherweise mehr Verständnis für Verhaltensweisen von Lehrern erhalten. In der Schülerrolle werden sie auf ihre eigene Verantwortlichkeit im Rahmen der Bezugsgruppe verwiesen. Wir finden es wichtig, daß die Rolle der Lehrerin von verschiedenen Schülern gespielt wird, um zu verdeutlichen, daß auch die Lehrerrolle eine Vielfalt von Handlungsmöglichkeiten birgt, und das Stereotyp ‚Lehrer' ebensowenig existiert wie das Stereotyp ‚Schüler'. Die Schüler sollten dabei auch aufgefordert werden, ein Lehrerverhalten zu spielen, das für sie gut und positiv ist.

Die Spielanweisung könnte an dieser Stelle lauten:

„Die Lehrerin hat eben nach den Hausaufgaben gefragt, eine Mitschülerin hat verraten, daß Antonella keine Aufgaben gemacht hat. Sie sitzt jetzt in ihrer Bank und alle schauen sie an und die Lehrerin geht auf sie zu. Wie geht es nun weiter?"

Am Spiel sollten neben Antonella und der Lehrerin noch einige Mitschüler beteiligt sein. Wenn sich die Handlung weiterentwickelt hat und von der Lehrerin eindeutige Reaktionen gezeigt wurden, können Antonella und die Lehrerin zu einem Monolog über ihr derzeitiges Befinden aufgefordert werden:

Aufgabe für die Lehrerin: „Was denkst du jetzt über Antonella?"

Aufgabe für Antonella: „Was geht jetzt in dir vor, nachdem die Lehrerin . . ."

In der Auswertung der Spielphase sollten neben den Empfindungen der Beteiligten während des Spiels auch Fragen nach Motiven und Zwängen der handelnden Personen angesprochen werden, so wird deutlich, daß bestimmte Verhaltensweisen nicht nur durch individuelle Dispositionen, sondern durchaus auch durch institutionelle Zwänge beeinflußt werden.

Phase 4:

Die Textstelle „Da hat sie die Tasche einfach fallenlassen und ist fortgelaufen, einfach fort", bietet Gelegenheit, mit Hilfe des Spiels auf der emotionalen Ebene der Frage nachzuspüren: Was geht in mir vor, was fühle ich, und wie fühle ich mich, wenn ich als Außenseiter lange Zeit keine Hilfe erfahre, nur unter Druck gesetzt und gequält werde, ja sogar noch unter falschen Verdacht gerate? Die Stelle selbst überläßt den Leser seinen eigenen Ängsten und Projektionen, die er selbst mit einer solchen Situation verbindet. Durch Monolog und Doppeln können hier die Schüler ihre eigenen Ängste im Schutz der Rolle artikulieren.

Die erste Spielaufgabe lautet deshalb, nochmals einen kurzen Monolog Antonellas zu spielen. Dieser Monolog wird im wesentlichen mit den Anfangsmonologen identisch sein, jedoch eine Steigerung der Gefühlsäußerungen bringen. Nach unseren Erfahrungen sind die Schüler durch die intensiv nacherlebbare Verzweiflung Antonellas so stark betroffen, daß sie die im Stück angebotene Lösung als für sich selbst äußerst unbefriedigend empfinden. Dem verständlichen Wunsch der Schüler nach einer harmonischen Lösung kann durch eine weitere Spielaufgabe entgegenkommen werden. Dabei sollen die im Text gezeigten Probleme jedoch keineswegs verniedlicht oder aufgehoben werden, sondern die Schüler sollen erkennen, daß allein der Wunsch nach anderen Lösungen für sich noch gar nichts bewirkt und daß es eminent schwierig sein kann, alternative Verhaltensweisen zu entwickeln.

Die Aufgabe dazu könnte lauten:

„Antonella ist gerade im Begriff, davonzulaufen. Ein oder zwei Mitschüler erkennen, in welcher Verfassung sie sich befindet und versuchen, sie zurückzuhalten."

In der anschließenden Gesprächsphase sollten unbedingt folgende Fragen angesprochen werden: Wie schwierig ist es, um Hilfe

zu bitten? Wie schwierig ist es, Hilfe anzubieten? Wie schwierig ist es, Hilfe anzunehmen?
Durch welche Verhaltensweisen macht es Antonella ihren Mitschülern schwer oder gar unmöglich, auf sie einzugehen? Wie ernsthaft und annehmbar sind die Angebote der Mitschüler? Sind die angebotenen Lösungen realistisch, oder waren sie nur in der Simulationssituation möglich?

Phase 5:

In einer Reflexion über den Gesamttext soll zum Abschluß der Frage nach der Entstehung und dem Mechanismus der Aufrechterhaltung von Vorurteilen gegen Ausländer nachgegangen werden (soweit das in der Altersstufe möglich ist). Dabei lassen sich im weitesten Sinne zwei Entstehungskomplexe feststellen: Ablehnung, die auf unterschiedliche Lebensgewohnheiten zurückgeht und Ablehnung, die auf gesellschaftlich-ökonomischen Bedingungen beruht. Diese Bedingungen stehen im Moment im Vordergrund bei der verstärkt zu beobachtenden öffentlichen Diskussion. Hinzuweisen ist in diesem Zusammenhang darauf, daß sich die ausländischen Arbeitnehmer aufgrund unserer Anwerbung hier befinden und daß ohne sie das Wirtschaftswachstum der letzten Jahre, von dem wir alle profitieren, völlig unmöglich gewesen wäre.
Zudem gilt auch heute noch, daß weite Teile der Wirtschaft sowie des Dienstleistungsgewerbes ohne ausländische Arbeitskräfte zusammenbrechen würden (z. B. Bergbau, Automobilindustrie, Maschinenbau, Abfallbeseitigung, Gastronomie als wesentlichste Bereiche). Als zentrale Frage ist zu bedenken, welche Ursachen die zunehmende Arbeitslosigkeit hat, die häufig in einer verkürzten Weise mit der zu hohen Zahl ausländischer Arbeitnehmer begründet wird.
Nicht zuletzt ist zu fragen, warum die Folgen der eigenen ökonomischen Probleme zunächst vorrangig von nur einer Gruppe getragen werden sollen. Dieses Denkschema impliziert ein Bewußtsein der größeren Wichtigkeit von Individuen der eigenen Nationalität und gleichzeitig Minderwertigkeit der Gruppe, der man glaubt, diese Folgelasten einseitig aufbürden zu können.
Im Anschluß an dieses Unterrichtsgespräch sollen die Schüler sich nochmals mit ihren eigenen Werturteilen auseinandersetzen, die sie am Beginn der Stunde stichwortartig notiert haben. Sie erhalten dabei die Aufgabe, ihre Aufschriebe zu ergänzen und dort, wo es ihnen inzwischen notwendig erscheint, auch Streichungen vorzunehmen. In diesem Prozeß werden die Schüler gezwungen, sich nochmals intensiv mit der Gesamtproblematik auseinanderzusetzen, ohne daß sie sich dabei öffentlich zu Urteilen bekennen müssen, von denen sie sich nach Besprechung des Textes lieber distanzieren wollen. Dies ist auch ein weiterer Grund, weshalb wir darauf verzichtet haben, die Aufschriebe der Schüler gleich zu Beginn zu diskutieren.
Es ist dennoch sinnvoll, die Schüler aufzufordern, sich darüber zu äußern, welche Veränderungen sie bei ihren Aufschrieben vorgenommen haben und dies auch zu begründen. Dabei sollte aber kein Mitteilungszwang ausgeübt werden.

Hausaufgabe

Zur Lernzielüberprüfung werden zwei Aufgaben gestellt: In der ersten Aufgabe sollen die Schüler als Antonella einen Brief aus dem Krankenhaus an einen Freund oder eine Freundin schreiben, in dem sie beschreibt, wie es ihr in Deutschland geht. In einer zweiten Aufgabe sollen sich die Schüler in die Rolle eines Mitschülers von Antonella versetzen und ihr einen Brief ins Krankenhaus schreiben.

Interessant ist zur Verdeutlichung der Leistungsfähigkeit der von uns vorgeschlagenen Methode, daß in einer Klasse, in der der Text traditionell, jedoch mit denselben Lernzielen bearbeitet wurde, die Mehrzahl der Schüler als Brief Antonellas aus dem Krankenhaus eine reine Inhaltsangabe der Erzählung verfaßten, während in einer Parallelklasse, in der wir in der hier vorgeschlagenen Form arbeiteten, die Schüler die Grundprobleme Antonellas sowie deren Ursachen beschrieben, ohne auf die Vorfälle, wie sie im Text beschrieben wurden, zurückzugreifen. In dem an Antonella gerichteten Schreiben beschränkten sich die Schüler nach der herkömmlichen Bearbeitung darauf, ihr Bedauern über den Unfall auszudrücken, während in der Vergleichsgruppe die Mehrzahl der Schüler mehrere Vorschläge zur Veränderung der Situation in den Vordergrund stellten. Auch hinsichtlich der Textlänge schnitt die Rollenspielgruppe signifikant besser ab.

Vorschläge für weitere Arbeit

Die folgenden Texte eignen sich unseren Erfahrungen nach besonders für eine ähnliche Bearbeitung. Es handelt sich um eine relativ willkürliche Auswahl, da wir uns bei unseren Versuchen jeweils an der Thematik ausrichten mußten, die gerade in den einzelnen Klassen aktuell war. Ein Kriterium für die Auswahl war auch die leichte Verfügbarkeit der Texte für den Lehrer. Fast alle Texte finden sich außer an den genannten Stellen auch in anderen Lesebüchern oder Textsammlungen für den Unterricht.

In: Kurzgeschichten für den Schulgebrauch, zusammengestellt von Jutta Böttcher, Braunschweig 1973 (Westermann)
- Heinrich Böll: Die Waage der Baleks (Gerechtigkeit in einer Klassengesellschaft), S. 67
- Anna Drawe: Im Warenhaus (Ladendiebstahl), S. 43
- Wolfdietrich Schnurre: Jenö war mein Freund (Minderheitenproblematik im 3. Reich), S. 148

In: Auswahl 9. Lesebuch für Schulen, Bochum o. Jhrg. (Kamp)
- Georg Britting: Brudermord im Altwasser (Schuldigwerden ohne Vorsatz), S. 149
- Gerd Gaiser: Der Mensch, den ich erlegt hatte (Pflicht und individuelles Schicksal), S. 159

In: Allerhand. Kurze erzählende Prosa für den Schulgebrauch, Braunschweig 1973 (Westermann)
- Astrid Lindgren: Wer springt am höchsten? (Konkurrenzverhalten in der Gruppe), S. 43
- Wolfdietrich Schnurre: Der Brötchenclou (Arbeitslosigkeit), S. 59

Epische Kleinformen (Lehrstücke/Fabeln)

Bertolt Brecht, Der hilflose Knabe

Während es bei einer Kurzgeschichte wie z.B. „Antonella" relativ leicht ist, durch die Beachtung der im Text vorgegebenen Strukturen und durch die Anbindung des Spiels an die Realität des Textes der Gefahr zu entgehen, die möglichen Intentionen des Autors vollständig zu verfehlen, stellt sich dieses Problem bei Lehrstücken im weitesten Sinne etwas differenzierter dar: Zwar wurden diese Texte schon mit der Absicht einer Belehrung des Lesers, deren Tendenz zumindest der Autor beim Schreiben im Auge hatte, verfaßt, aber gleichzeitig besteht das

Problem, daß die jeweiligen Autoren die von ihnen intendierten Aussagen nicht direkt formulieren im Sinne einer Handlungsanweisung („Du sollst ...“), sondern grundsätzlich mit Verfremdungen und Verschiebungen arbeiten. Dies ist nicht nur ein stilistisches Mittel, sondern bedeutet auch, daß dem Leser ein Deutungsspielraum zugestanden wird. Daraus folgt für den Unterricht, daß dem Schüler Informationen über die Person des Autors und seine grundsätzlichen Anliegen, soweit diese bekannt sind, gegeben werden müssen. Es folgt jedoch nicht zwingend daraus, daß die Schüler zu einer eindeutigen und gleichartigen Bewertung dessen kommen müssen, was der Autor wohl vermitteln wollte, weil nicht die Intention des Autors die Wirkung eines Textes auf den Leser ausmacht, sondern die historischen Bedingungen, in denen der Rezipient steht. Informationen über den Autor und sein Werk können deswegen hilfreiche Richtungsweiser für das Verständnis sein, aber niemals eine eindeutige Interpretationsanleitung von Beginn an.

Wir wollen im folgenden Unterrichtsbeispiel zeigen, wie mit Hilfe von Rollenspieltechniken sowohl das rein inhaltliche Verständnis eines – zumindest für Hauptschüler – sehr schwierigen Textes gesichert werden kann und gleichzeitig ein Austausch über die divergierenden Textverständnisse der Schüler ermöglicht werden kann, der zwar nicht zu einer einheitlichen Interpretation, aber zu verschiedenen Sinngebungen führen kann, die alle den Intentionen des Autors nicht zuwiderlaufen.

Didaktische Analyse

Auf den ersten Blick erscheint die Geschichte, die Herr K. erzählt, (vgl. S. 55) zwar merkwürdig, aber doch einleuchtend: Merkwürdig erscheint sie, was das Verhalten des Mannes angeht, einleuchtend zunächst, was das Verhalten des Knaben betrifft. Der Knabe zeigt ein gesellschaftlich akzeptiertes Verhalten, das auch den Normen des Lesers größtenteils entsprechen dürfte: Als Ausdruck seines Leids, als Mitteilung und Signal an seine Umwelt, daß ihm Unrecht geschehen ist, erscheint sein leises Weinen – nicht ein empörter, lauter Aufschrei des Protestes, der möglicherweise geeignet wäre, Aufmerksamkeit und damit vielleicht Hilfe und Solidarität zu erhalten. Brecht zeigt in dem hilflosen Knaben den Menschen, der seine Not nicht ausreichend mitteilen kann. Der Mensch, der sein Leid tapfer für sich allein zu bewältigen versucht, begibt sich der Hilfe der anderen. Um sie zu erreichen, muß er bereit sein, sich bloßzustellen, seine Schwäche und Hilflosigkeit offen zu zeigen. Dieses Offenlegen der eigenen Schwäche beinhaltet die Gefahr, sich zu blamieren, als schwach, unterlegen oder schlicht unfähig, das eigene Schicksal zu meistern, abgelehnt zu werden. Diese Angst vor den Folgen, die eigene Schwäche zu zeigen, ist der eigentliche Grund, weshalb dieser Weg selten oder nie gesucht wird. Und doch: Nur die Verbindung aller Armen und potentiell oder tatsächlich Geschädigten macht stark, der Einzelne kann immer ausgeraubt werden. „Rufen, das ist Fortschritt“ sagt Herr K. in einer anderen Geschichte von den Katzen, die er nicht mag, die aber so laut rufen, daß er sie einläßt. Wenn sie das Rufen aufgeben, erfrieren sie.

Dabei ist Rufen keineswegs als Ventilfunktion gedacht, sondern die Sprache muß als Anruf an andere benützt werden, wenn wir Hilfe suchen. Wir müssen unsere eigenen Normen überwinden, die uns hindern, öffentlich um Hilfe zu bitten, nur dann können wir von anderen Hilfe erwarten.

Zeigt sich dem Leser das Verhalten des Knaben verständlich, weil vertraut (wenn auch aus der Sicht K.s. nichtsdestoweniger falsch), ist das Verhalten des Mannes am

Der hilflose Knabe

Herr K. sprach über die Unart, erlittenes Unrecht stillschweigend in sich hineinzufressen, und erzählte folgende Geschichte: „Einen vor sich hin weinenden Jungen fragte ein Vorübergehender nach dem Grund seines Kummers. „Ich hatte zwei Groschen für das Kino beisammen", sagte der Knabe, „da kam ein Junge und riß mir einen aus der Hand", und er zeigte auf einen Jungen, der in einiger Entfernung zu sehen war. „Hast du denn nicht um Hilfe geschrien?" fragte der Mann. „Doch", sagte der Junge und schluchzte ein wenig stärker. „Hat dich niemand gehört?" fragte der Mann, ihn liebevoll streichelnd. „Nein", schluchzte der Junge. „Kannst du denn nicht lauter schreien?" fragte der Mann. „Nein", sagte der Junge und blickte ihn mit neuer Hoffnung an. Denn der Mann lächelte. „Dann gib auch den her", sagte er, nahm ihm den letzten Groschen aus der Hand und ging unbekümmert weiter.

Bertolt Brecht: Geschichten vom Herrn Keuner, Frankfurt/M. 1967, Suhrkamp Verlag

Schluß – er nimmt dem weinenden Knaben auch noch den letzten Groschen, obwohl er zunächst den Eindruck erweckte, er wolle trösten – auf den ersten Blick unverständlich. Es wird aber verständlich aus der Intention K.s., ein Beispiel für die *Unart*, erlittenes Unrecht schweigend zu dulden, in seiner Geschichte darzulegen. Die Handlungsweise des fremden Mannes erklärt sich aus dieser Absicht K.s.: So, wie der Fremde dem Jungen eine Lehre erteilt („Kannst du denn nicht lauter schreien?"), erteilt K. dem Leser dieselbe Lehre: Leises Beweinen der eigenen Not führt nicht zu einer Besserung der Lage, sondern weit eher zu weiterer Unterdrückung.

Bei einer Bearbeitung des Textes im Unterricht muß versucht werden, die Geschichte von ihrem Ende her zu verstehen, das unseren Alltagserfahrungen so sehr widerstrebt, und zwar so vollständig, daß es von oberflächlichen Lesern in seiner Aussage nicht wahrgenommen wird. Dabei müssen das spontane Verstehen, das von den Signalen des Textes ausgelöst wird und aufgrund der Alltagserfahrungen und allgemein gültigen Normen zu einer individualistischen Interpretation führt, und die Botschaft des Textes gegenübergestellt werden, die als eine Botschaft Brechts in dessen Kontext zu hören ist und die ein sehr subtiles Texthören erfordert. Dazu benötigt der Leser Informationen über den Autor, seine, bei Brecht bekannten Absichten und den Lehrstückcharakter der Keunergeschichten. Diese Informationen über den Gesamtkontext werden das Geschehen zwischen Text und Leser verändern: Andere Leerstellen werden wahrgenommen und andere Projektionen füllen sie, andere Worte und Sprachformen erhalten größere Bedeutung für den Leser, wenn der Text als Aufruf zur Solidarität und als Aufforderung, in der Not um Hilfe zu schreien, verstanden wird.

Der Text kann in allen Klassen der Sekundarstufe eins eingesetzt werden.

Unterrichtsverlauf

Phase 1:

Als Einstieg kann an die eigenen Erfahrungen der Schüler angeknüpft werden, indem die Frage gestellt wird, wie man sich gegen Unrecht, das einem geschieht, wehren kann und soll.

Die Schüler erhalten damit die Zielangabe

der Stunde und können gleichzeitig ihr Vorverständnis äußern und diejenigen Handlungsstrategien einbringen, die ihnen für ihr tägliches Leben bewußt und verfügbar sind. Die Schüler machen sich so ihre eigenen Einstellungen zur im Text angesprochenen Problematik bewußt, und setzen sich deshalb mit den Lösungen des Textes intensiver auseinander. Die vorgeschlagenen Lösungen sollten möglichst nicht diskutiert und bewertet werden, um individuelle Offenheit gegenüber der Botschaft des Textes nicht vorweg durch Wertungen einzuschränken.
Es sollte darauf hingewiesen werden, daß im Lauf des weiteren Unterrichts noch genügend Zeit vorgesehen ist, über die eigenen Erfahrungen zu sprechen bzw. diese auch schon durch die Formen der spielerischen Bearbeitung miteingebracht werden können.

Phase 2:

Bevor der Text gelesen wird, erhalten die Schüler Hinweise über Herkunft und Bezug des Textes: Keuner als Figur Brechts, die Geschichten erzählt, die die Hörer zum Nachdenken und Widerspruch anregen will, Brecht als Autor, der seinen Lesern über die Geschichten vom Herrn Keuner häufig eine Lehre erteilen will. Ebenso wird der Grund genannt, warum Herr K. diese Geschichte erzählt, und möglicherweise an der Tafel notiert: Herr K. will seine Zuhörer über die *Unart*, erlittenes Unrecht stillschweigend in sich hineinzufressen, zum Nachdenken bringen.
Nach dem Lesen des Textes wird den Schülern Gelegenheit gegeben werden, ihr Erstverständnis des Textes zu artikulieren. Dies darf sich nicht nur in einer allgemeinen Wertung des Inhaltes (Verhalten des Mannes) erschöpfen, sondern sollte auch unter der Fragestellung erfolgen: Was will Herr K. mitteilen? Mit Sicherheit werden an dieser Stelle völlig divergierende Aussagen darüber kommen, welche Lehre Herr K. mit dieser Geschichte geben will.
Viele Schüler werden auch keine Aussage machen können, da ihnen das beschriebene Verhalten zu widersprüchlich erscheint. Gerade diese ‚Unverständlichkeit' der Geschichte bildet den Anreiz zur vertieften Auseinandersetzung; die auftretenden Widersprüche sollten deswegen keineswegs durch Reflexion aufgelöst werden, sondern sie werden deutlicher erkannt, wenn sie im Spiel erlebt werden.

Phase 3:

Die Schüler werden aufgefordert, sich den Gang der Handlung zunächst nochmals zu verdeutlichen. Dies könnte in einem reinen Nacherzählen geleistet werden, dabei würden die Motive der handelnden Personen und die Widersprüche im Verhalten jedoch nur sehr schwer zu verdeutlichen sein. Die Schüler geben daher in spielerischer Form nochmals den reinen Verlauf wieder, wobei sie sich implizit mit den Motiven beschäftigen müssen.
Spielaufgabe: Der Junge hat auch nicht verstanden, weshalb ihm der Mann auch noch das letzte Geld wegnimmt. Er kommt nach Hause und erzählt seiner Mutter den Vorfall.
Bei diesem Spiel sollte der Lehrer unbedingt als Doppel sowohl bei der Mutter wie beim Jungen selbst aktiv werden. Beim Doppel des Jungen sollte er immer wieder die Frage an die Mutter stellen (falls sie nicht von den Spielern eingebracht wird): „Erkläre mir das Verhalten des Mannes, ich verstehe es nicht." Beim Doppeln der Mutter sollte darauf geachtet werden, daß der Junge gezwungen wird, den Vorgang so genau wie möglich zu schildern. (War der Mann gewalttätig? Hast du nicht sofort erkannt, daß der dir nur dein Geld wegnehmen will? Weshalb hast du dich nicht gewehrt?) Damit erreichen wir sowohl eine Sicherung des rein inhaltlichen Verständnisses, gleichzeitig werden die wesentlichen Nuancen des Textes (der Mann

ist freundlich, der Junge kann nicht lauter schreien) nochmals verdeutlicht.
Dies ist deswegen wichtig, weil wir die Erfahrung gemacht haben, daß es den Schülern teilweise sehr schwer fällt, das Geschehen des Textes richtig wiederzugeben. Viele Schüler ‚verbiegen' den Text so, daß er ihnen einsichtig wird: So lassen sie teilweise den ersten Jungen zurückkommen und das restliche Geld rauben, teilweise lassen sie den Mann von Anfang an als gewalttätigen Räuber auftreten. Diese unrichtige Wiedergabe der Textvorlage beruht keineswegs auf der intellektuellen Schwäche der Schüler, den einfachen Handlungsverlauf wiederzugeben, sondern wir sehen in diesen Vorgängen die Bestätigung der These, daß der Leser den Text zunächst zugunsten seines eigenen Weltbildes und Verständnisses verschiebt, um ihn für sich selbst stimmig und damit verständlich zu machen. Das im Text beschriebene Verhalten eines Erwachsenen widerspricht so diamatral sowohl den durch den Text zunächst angeregten Erwartungen als auch den Erfahrungen der Schüler, daß die Schüler den Inhalt ihren Vorstellungen entsprechend verformen. Diese Verformungen können im Spiel leicht durch Nachfragen der Mutter korrigiert werden.
Die Auswertung der Spielphase ergibt sicher noch keine endgültige Klärung der Motive des Mannes – das soll und kann hier noch gar nicht angestrebt werden. Wichtiger ist, die Widersprüche in seinem Verhalten – als Vorbereitung auf die nächste Phase – deutlich herauszuarbeiten. Die Auswertungsfragen nach den Empfindungen der Mutter und des Kindes zeigen durch die bei ihrer Beantwortung zwangsläufig auftretende Ratlosigkeit, welche Fragen noch vertieft weiter zu behandeln sind.

Phase 4:

Anknüpfend an die Erkenntnis, daß weder der Junge noch die Mutter bisher (wahrscheinlich) befriedigende Erklärungen abgeben konnten, kann auf die Figur des Mannes eingegangen werden, dessen Verhalten zunächst so unverständlich scheint. Bevor die Schüler versuchen, einen Monolog in der Rolle des Mannes zu sprechen, sollte nochmals darauf hingewiesen werden, daß Herr K. mit der Geschichte etwas vermitteln will und er (bzw. Brecht) ihn wohl deshalb so unverständlich handeln läßt.

Spielaufgabe: Was denkt der Mann wohl, nachdem er dem Jungen das Geld weggenommen hat?

Wenn die Schüler große Schwierigkeiten zeigen sollten, die Motive des Mannes zu verdeutlichen, kann der Lehrer wieder als Doppel kurz auftreten. In der Regel reicht es, wenn er in der Rolle des Doppels beginnt etwa mit: „Dem habe ich aber eine Lehre erteilt." Die Schüler werden den Gedanken aufgreifen und versuchen zu artikulieren, worin diese Lehre wohl bestehen könnte. Auch hier sind Steuerungen durch Doppeln möglich, etwa: „Was hat denn der Junge tatsächlich durch mich lernen können? Warum hat er nicht lauter gerufen? Ob er gemerkt hat, daß ich ihm helfen will?" etc.
Die Schüler werden nach unseren Erfahrungen diese Anregungen immer weiter verfolgen. Zusätzlich können sie sich gegenseitig durch Doppeln unterstützen. Dies sollte zunächt auch immer angeregt werden, bevor der Lehrer eingreift.
In dieser Phase wird den Schülern sowohl der Lehrstückcharakter bewußt als auch eine textangemessene Interpretation dessen ermöglicht, worin die Belehrung bestehen könnte.
Im anschließenden Auswertungsgespräch wird nochmals die Frage aufgenommen, welche Belehrung erteilt wird als auch die Frage neu gestellt, von wem diese Belehrung eigentlich kommt (Autor) und für wen sie eigentlich gedacht ist (Leser.).

Phase 5:

Die Erkenntnis, welches Verhalten in Situationen, in denen man Unrecht erleidet, richtig ist, bedeutet keineswegs daß man auch in der Lage ist, dieses Verhalten zu verwirklichen. Das Problem des Jungen im Text liegt auch nicht vorrangig darin, daß er nicht wüßte, daß er sich wehren soll (er hat ja – wenn auch sehr leise – um Hilfe gerufen), sondern darin, daß er es nicht wagt, seine Hilfsbedürftigkeit lauter, und damit allerdings auch für jedermann hörbar und als Schwäche und Unfähigkeit denunzierbar, zu artikulieren. Es muß daher auch der Frage nachgegangen werden, was den Jungen hindert, lauter zu rufen.

Die miteinander in Konflikt stehenden Antriebe und Bedürfnisse des Jungen (einerseits möchte ich Hilfe – andererseits kann ich nicht laut genug um Hilfe schreien) lassen sich äußerst eindrucksvoll mit Hilfe des Ambivalenz-Doppelns verdeutlichen, bei dem zwei Mitspieler jeweils die unterschiedlichen Bedürfnisse und Ängste artikulieren, während der Spieler selbst zunächst nur auf seine ‚innere Stimme' hört und am Ende seine eigene Entscheidung trifft, die er in einem Monolog begründet.

Ein Schüler spielt den Jungen, der unmittelbar nachdem ihm auch das letzte Geld weggenommen wurde, dasteht und dem Mann nachblickt. Zwei weitere Schüler stehen neben ihm und führen den inneren Dialog. Der Junge beginnt mit einem Satz, z. B.: Warum habe ich nur nicht geschrien? Die Mitspieler haben nun die Aufgabe, alle Gedanken vorzubringen, die für oder gegen ein lautes Schreien sprechen. Dabei darf ein Schüler nur Argumente dafür bringen, der andere Argumente, die dagegen sprechen.

Es ist wichtig, darauf zu achten, daß die Mitspieler tatsächlich nur einen Part verkörpern, um den inneren Konflikt deutlich hervorzuheben.

Die Schüler, die beim Ambivalenzdoppeln eingesetzt sind, können ihrerseits auch durch Mitschüler selbst gedoppelt werden, allerdings nur in ihrer Rolle (für oder gegen Schreien). Das mögliche Doppeln durch weitere Schüler soll nicht dazu dienen, den Spielern zu widersprechen, sondern in ihre Darstellung weitere Argumente einzuführen. Deshalb sollten sie sich deutlich hinter den Schüler stellen, dessen Anliegen sie unterstützen.

Die Darsteller des Jungen gibt am Ende bekannt, wie er sich in Zukunft verhalten will und begründet diese Entscheidung in einem Monolog. Dabei sollte er möglicherweise vom Lehrer unterstützt werden.

Im Auswertungsgespräch sollen die Schüler die Möglichkeit erhalten, ihre eigenen Erfahrungen zu überprüfen und gleichzeitig individuell für sich die Frage zu beantworten, ob die von Brecht angestrebte Belehrung für ihr eigenes Leben wichtig sein könnte.

Ausgehen kann man dabei von der Überlegung: Wie schwer fällt es mir selbst, um Hilfe und Solidarität zu bitten? Habe ich solche Situationen schon erlebt? Welche Widerstände waren bei mir zu finden? Welche bei denen, die um Hilfe gebeten wurden?

Nach unseren Erfahrungen ist eine nochmalige Zusammenfassung der Ergebnisse nicht notwendig. Falls die Schüler auf das Angebot eingehen, ist es sinnvoll, darüber zu reden, wie sie selbst sich bisher in solchen Situationen verhalten haben und wie ein alternatives Verhalten aussehen könnte.

Hausaufgabe

Zur Lernzielüberprüfung bieten sich zwei Aufgaben an:

Aufgabe eins:
Der Mann trifft den Jungen nach einiger Zeit wieder und erklärt ihm, weshalb er ihm

auch noch das letzte Geld weggenommen hat und gibt ihm Ratschläge für die Zukunft.

Aufgabe zwei:
Der Junge schreibt dem Mann einen Brief, in dem er erklärt, weshalb er nicht lauter schreien konnte und teilt ihm mit, wie er sich in Zukunft verhalten will.

Mit diesen Aufgaben kann überprüft werden, inwieweit die Schüler den Lehrstückcharakter des Textes verstanden haben, worin sie die vom Autor angestrebte Belehrung sehen, welche Erklärungsmodelle sie für das Verhalten des Jungen zur Verfügung haben und inwieweit sie in der Lage sind, Konsequenzen für ihr eigenes Verhalten aus dieser Belehrung abzuleiten.

Der Fuchs und der Rabe/Die Teilung der Beute

Zum Wesen und zur Funktion der Fabel

Lessings Auffassung, der die Fabel als ein „Exempel der praktischen Sittenlehre" versteht, ist aus heutiger Sicht sicher eine unzulässige Verengung ebenso wie die Entdidaktisierung der Fabel im 19. Jahrhundert, in der sie weithin als unterhaltsame Geschichte, als Tiererzählung aufgefaßt wurde. Der ehemals einseitigen Festlegung der Fabel auf ihre moralische Aussage hin steht heute jene Tendenz zur ebenso einseitigen Interpretation unter ausschließlich soziologischen gesellschaftlichen Aspekten gegenüber.
In Payrhubers „Wege zur Fabel" finden wir eine sehr gute Zusammenfassung der unterschiedlichen Standpunkte (Freiburg 1978, S. 38f.):

„Eine zeitgemäße, sachangemessene Fabelhandlung verlangt aber nach einer ausgewogenen Betrachtung. Mindestens zwei Aspekte halten wir dabei für unabdingbar:
1. Allgemein-menschliche, anthropologische und philosophische Inhalte bestimmen die Absicht der Fabel ebenso wie zeitkritische, gesellschaftlich-politische. Die Fabel ergreift nicht nur die Partei der Armen und politisch Unterdrückten, ihr ‚Aufstand' richtet sich in gleicher Weise gegen die Unmoral, Feigheit und Trägheit des einzelnen . . ."

Sicher gibt es Fabeln, die der einen oder anderen Richtung näher stehen, Fabeln, deren Inhalt ausschließlich die Aufklärung über politische und gesellschaftliche Mißstände zum Ziel haben, aber auch Fabeln, in denen diese Tendenz nur eine Randfunktion hat, weil in ihnen allgemeine anthropologische Fragen behandelt werden. Dazu nochmals Payrhuber (S. 53):

„Fabel ist eben nicht gleich Fabel. Ihr kritisches Moment trifft das Gesamte menschliche Sein, nicht nur einen Ausschnitt. Am ausgewogensten, scheint uns, hat Dolf Sternberger ihre Absicht beschrieben: ‚Den Lauf der Welt also zeigt die Fabel, das ist ihre erste und allgemeinste Lehre. Nicht freilich, als ob er unwidersprechlich und irreparabel wäre. Sondern indem wir ihn erkennen, indem eben die Fabel ihn uns anzuschauen und zu erkennen gibt, treten wir ja schon heraus, begreifen ein Stück davon und können seiner mächtig werden.' (Sternberger 1950, S. 21.)"

Der Kern jeder Fabel besteht folglich nicht in einem ‚moralischen Satz', den es herauszupräparieren gilt, sondern die Fabel ist insgesamt ein Bild, ein Gleichnis, jedoch nach Dithmar keine Beispielerzählung in dem Sinne:

„Geh auch du hin, tue desgleichen! Wir können uns weder den Wolf noch das Lamm, weder den Fuchs noch den Raben zum positiven oder negativen Vorbild nehmen. Die Fabel bietet kein Exemplum, sondern eine Analogie. Sie zeigt im Bild ein menschliches Problem, fordert den Hörer oder Leser zur entsprechenden Übertragung auf sich und seine mitmenschlichen Beziehungen auf und damit zur Auseinandersetzung mit sich und seiner Welt." (Dithmar 1971, S. 142).

Muß kein vorgeblich allgemeingültiger Lehrsatz abgeleitet werden, da die Fabel ja im Bild des Gleichnisses eine menschliche Situation erhellt, erübrigt sich auch die Frage, ob der Leser zum Verständnis über eine ausgeprägte Abstraktionsfähigkeit verfügen muß: Nicht die Abstraktion ist gefordert, sondern die Fähigkeit, durch das Bild hindurchsehen zu können.

„... nur so wird das Bild zum Transparent, zum Spiegelbild für die gemeinte Sache ... Der Schüler muß ein Geschehen distanziert betrachten und über sein eigenes Verhalten und das seiner Mitmenschen nachdenken.“ (Dithmar 1971, S. 189)

Daraus folgt, daß die Behandlung der Fabel nach einem aktuellen Bezug verlangt, soll sie nicht als historisches Dokument mißverstanden werden, denn

„... die Fabel ist mehr als unverbindliche Lebensweisheit. Scharf und klar beleuchtet sie den Menschen und die gesellschaftlichen Verhältnisse. Nüchtern zeigt sie den Ernst der Lebensentscheidung im Alltag, den die Schüler erkennen und bewältigen müssen. Sie bietet ein Bild, in dem der Leser sich und seine Situation erkennen soll. Sie provoziert ihn durch diesen Denkanstoß, in jeder Lage neu nachzudenken. ‚Auf welche Gelegenheit paßt dieses Denkmodell? Welche Situation, welche gesellschaftliche Konstellation wird durch dieses Modell erhellt?‘ Dies ist die Frage, die sich bei der Behandlung jeder Fabel ergibt.“ (Dithmar 1971, S. 183).

Und ergänzend: Wo finde ich mich selbst, wo meine Umwelt in diesem Bild wieder?
Die häufigste Form der Einkleidung menschlichen Verhaltens in ein Bild ist die Tierfabel. Dabei werden dieser Verfremdung von verschiedenen Autoren je unterschiedliche Funktionen zugewiesen. Eine der gewichtigsten dürfte dabei, zumindest in historischer Sicht, die Möglichkeit sein, in der verkleideten Form den Herrschenden Mißstände vor Augen zu führen, die Wahrheit zu sagen, ohne Sanktionen ausgesetzt zu sein, wie dies bei einer ungeschminkten Offenlegung der inkriminierten Zustände der Fall wäre. Dieser Ansicht neigt schon Luther zu. Ebenso gilt mit Sicherheit auch, daß durch die Verfremdung beim Leser die notwendige Distanz zum Geschehen geschaffen wird, so daß er weder durch Mitleid mit den handelnden Personen in seiner Erkenntnis behindert wird, noch durch den sofortigen Aufbau emotionaler Barrieren durch eine zu offenkundig zu Tage tretende oder unmittelbar zutreffende Belehrungsabsicht.
Bei einer unterrichtlichen Behandlung von Fabeln ist daher nicht nur das ‚Durchschauen des Bildes‘ für das Verständnis erforderlich, sondern ebenso die Einsicht in ihre Verfremdungsform, die durch ihre Wirkungsabsicht bestimmt ist. Zu beachten ist dabei, daß die Fabel bei ihrer Entstehung auf eine ganz bestimmte historische Situation ausgerichtet ist, die manche ihrer am Ende explizit formulierten Lehren aus heutiger Sicht nicht der Lehre der Geschichte selbst entsprechend erscheinen lassen, so daß die Fabelgeschichte selbst neu aktualisiert werden muß.
Im Anschluß stellen wir zwei Fabeln vor, die jeweils unterschiedliche Schwerpunkte haben (individuell-anthropologisch und politisch-gesellschaftskritisch) und deshalb im Unterricht als eine Einheit durchgeführt werden sollten.

Didaktische Analyse der Fabel „Der Fuchs und der Rabe“

Die Fabel vom Raben und dem Fuchs (vgl. S. 61) folgt dem klassischen vierteiligen Aufbauschema, das nach Dithmar von der Antike bis zur Moderne durchgehalten wird (Dithmar 1971, S. 106):

„*Situation:* Der Rabe sitzt mit einem Stück Käse auf einem hohen Baum. Der Fuchs naht voll Gier nach dem Käse. Mit Gewalt läßt sich nichts erreichen.
actio: Der Fuchs versucht es mit List. Der Rabe

Der Rabe und der Fuchs

Im Schnabel einen Käse haltend, hockt
auf einem Baumast Meister Rabe.
Von dieses Käses Duft herbeigelockt,
spricht Meister Fuchs, der schlaue Knabe.
„Ach Herr von Rabe, guten Tag!
Wie nett ihr seid und von wie feinem Schlag!
Entspricht dem glänzenden Gefieder
nun auch der Wohlklang Eurer Lieder,
dann seid der Phönix ihr in diesem Waldrevier.“
Dem Raben hüpft das Herz vor Lust. Der Stimme Zier
zu künden, tut mit stolzem Sinn
er weit den Schnabel auf; da fällt der Käse hin.
Der Fuchs nimmt ihn und spricht:
„Mein Freundchen, denk an mich!
Ein jeder Schmeichler mästet sich
vom Fette des, der willig auf ihn hört.
Die Lehr' ist zweifellos wohl – einen Käse wert!“
Der Rabe, scham- und reuevoll,
schwört – etwas spät –, daß ihn niemand mehr fangen soll.

La Fontaine

Der Fuchs und der Rabe

Wer sich an einer Schmeichelzunge Lob ergötzt,
wird in nutzloser Reue späte Buße tun.
Ein Rabe stahl von einem offenen Fenster einen Käs
und setzte sich zum Schmaus auf einen hohen Baum.
Da nahte gierig ihm der Fuchs mit solchem Spruch:
„Wie herrlich strahlt, o Rabe, dein Gefieder doch!
Wie adlig ist dein Haupt und deiner Glieder Bau!
Wärst du nicht stumm – es käme dir kein Vogel gleich.“
Doch wie der Tor nun seine Stimme zeigen will,
entfällt der Käs dem Schnabel, den der schlaue Fuchs
mit gierigen Zähnen auffängt. Nun erst stöhnt,
zu spät, des Raben schwer betrogne Torheit auf.

Aesop

hat im Gegensatz zu den bunten Singvögeln ein schwarzes und nichtglänzendes Gefieder. Im Gegensatz zum Adler, dem König der Vögel, hat er einen unscheinbaren Kopf. Wenn einer heiser ist und nicht singen kann, sagen wir: Er krächzt wie ein Rabe. Der Fuchs sagt das Gegenteil. Er belügt den Raben; er schmeichelt ihm aus Gewinnsucht.
reactio: Der eitle Rabe will sich zeigen und seine Stimme ertönen lassen. Er ist töricht. Durch die Schmeichelei des Fuchses betört, denkt er nicht daran, daß er den Käse verliert, wenn er den Schnabel öffnet.
Ergebnis: Der Fuchs hat sein Ziel mit List erreicht und frißt den Käse auf. Erst jetzt bemerkt der Rabe, daß er betrogen wurde und für seine Eitelkeit bezahlen muß.“

Die Fassung La Fontaines formuliert, im Unterschied zur Urfassung Aesops, die in der Fabel enthaltene Lehre nochmals explizit am Ende, während sie Aesop seiner Fassung voranstellt. Wir bieten beide Fassungen hier an, da sich ihre Bearbeitung im Unterricht nicht wesentlich unterscheidet, glauben jedoch, daß die Darbietung La Fontaines für jüngere Schüler, auch unter sprachlichen Gesichtspunkten, leichter verständlich ist.
Wie wir schon eingangs erwähnt haben, liegen die Schwerpunkte von Fabeln entweder stärker auf anthropologisch-philosophischen oder stärker auf gesellschaftskritischen Aussagen, wobei in der Regel beide Elemente enthalten sind, aber doch einem der Gesichtspunkte jeweils das größere Gewicht zuzumessen ist. Die vorliegende Fabel beschäftigt sich schwerpunktmäßig mit den Problemen individuellen Verhaltens (Anfälligkeit für Schmeicheleien), die allerdings ohne das entsprechende gesellschaftliche Umfeld nicht denkbar wären (Erziehung, Konkurrenzprinzip).
Die Aussageintention der Fabel vom Raben und vom Fuchs wird, gleichgültig ob in der Fassung Äsops oder La Fontaines unmittelbar formuliert und damit auch für den Schüler deutlich. Es wäre deshalb verfehlt, die Schüler in dem Sinne zu unterfordern, daß sich die Unterrichtsarbeit schwerpunktmäßig darauf richtet, die Moral der Fabel herauszufinden: Das Gesagte ist, was die Aussageintention angeht, in diesem Falle auch das Gemeinte. („Ein jeder Schmeichler mästet sich, vom Fette des, der willig auf ihn hört" – La Fontaine/„Wer sich an einer Schmeichelzunge Lob ergötzt, wird in nutzloser Reue späte Buße tun" – Aesop).
Ziel der Unterrichtsarbeit wird daher sein, die Schüler zur Reflexion darüber anzuregen, auf welche ihrer Lebenssituationen dieses Denkmodell paßt, welche Personenkonstellation durch die Fabel erhellt wird. Die Verfremdung, die durch die Übertragung menschlicher Verhaltensweisen auf Tiere erreicht wird, ermöglicht es, das Geschehen zunächst distanziert zu betrachten; die Funktions- und Wirkungsanalyse der Fabelform zwingt anschließend zur Reflexion des eigenen Verhaltens ebenso wie zur Reflexion zwischenmenschlicher Verhaltensmuster. Zum Verständnis der Fabel ist daher die Bearbeitung der Wirkungsmechanismen unerläßlich, die eng an ihre Verfremdungstechnik geknüpft sind.

Unterrichtsverlauf

Phase 1:

Ausgegangen werden kann von den alltäglichen Erfahrungen der Schüler: Jeder hat schon Situationen erlebt, in denen jemand von ihm eine Leistung oder eine Sache verlangte. Die Schüler können sich in einem Partnergespräch darüber austauschen, welche Mittel sie selbst einsetzen, wenn sie etwas erhalten wollen und welche Mittel ihnen gegenüber schon eingesetzt wurden. In dieser Phase sollen sie sich ihr eigenes Erfahrungswissen bewußt ins Gedächtnis zurückrufen. In einem kurzen Auswertungsgespräch können dann die verschiedenen Taktiken stichwortartig zusammengetragen werden, wie z. B. Gewalt, Bitten, moralischer Druck, Drohung, Schmeicheln, Verhandlung etc.

Phase 2:

Das Lesen der Fabel kann als Ergänzung und Erweiterung der eigenen Erfahrungen der Schüler angekündigt werden. In den unteren Klassen kann es empfehlenswert sein, den rein inhaltlichen Ablauf der Handlung durch die Schüler kurz wiedergeben zu lassen, da besonders die Aesopschen Formulierungen den Schülern erfahrungsgemäß das Inhaltsverständnis erschweren können. Sinnvoll kann es durchaus auch sein, den Schülern das tatsächliche Aussehen eines Raben und sein Gekrächze ins Bewußtsein zu rufen. Auf die Moral der Fabel braucht nach unserer Einschätzung an dieser Stelle nicht gesondert eingegangen zu werden.

Phase 3:

Bevor sich die Schüler mit einer Übertragung der Fabel auf ihre eigene Situation beschäftigen, können sie selbst nacherleben, welche Taktik der Fuchs gegenüber dem Raben einsetzt und wie sein Verhalten auf den Raben wirkt. Dabei wird den Schülern deutlich, daß durch das Vorgehen des Fuchses beim Raben unbewußte Wünsche aktiviert werden nach Schönheit, Größe und Akzeptanz. Zu diesem Zweck können die Schüler zunächst einen Monolog des Fuchses versuchen, der den Raben auf dem Ast sitzen sieht und der sich überlegt, wie er an den Käse herankommen könnte. Anschließend sollte ein Monolog des Raben folgen, in dem die Gedanken des Raben während der Rede des Fuchses verdeutlicht werden.
Im Auswertungsgespräch wird nochmals verdeutlicht, daß der Fuchs bewußt auf die Eitelkeit des Raben spekuliert. Ebenso sollten die Schüler nochmals möglichst genau die Gefühle wiedergeben, die bei ihnen durch die Schmeichelei ausgelöst wurden. Dabei könnte interessant sein, daß diese Gefühle auch dann angenehm und erwünscht sein können, wenn die Schmeichelei als solche erkannt wird.

Phase 4:

Nachdem der Rabe den Käse verloren hat, setzt bei ihm ein sehr plötzlicher Erkenntnisprozeß ein. Wurde im vorangegangenen Monolog des Raben deutlich, wie stark das Ansprechen unbewußt emotionaler Bedürfnisse die rationale Steuerung beeinträchtigen kann, sollte nun in einem weiteren Monolog des Raben der wirksam gewordene Mechanismus, so wie ihn der Betroffene erlebte, rational nachvollzogen werden. An diesen analytischen Prozeß kann sich die Frage anschließen, wie ein mögliches alternatives Verhalten aussehen könnte.
Die Schüler erhalten die Aufgabe, die Gedanken und Gefühle des Raben darzustellen, nachdem er den Käse verloren hat und sich in diesem Monolog gleichzeitig zu überlegen, wie sie in Zukunft eine solche Übertölpelung vermeiden könnten. Dabei muß der Lehrer als Doppel gewährleisten, daß nicht Scheinlösungen angeboten werden, wie z. B. „ich werde auf Schmeichler nicht mehr hören“ o. ä. Solche Lösungen haben insofern Scheincharakter, als sie den unbewußten innerpsychischen Mechanismus, der bei dem Raben wirksam wurde und gegen den er sich nicht wehren konnte, weil er ihm nicht bewußt war, vernachlässigen. Der Lehrer muß also als Doppel Überlegungen einbringen wie: „Weshalb habe ich nicht bemerkt, was der Fuchs wollte? In Zukunft werde ich mir zuerst überlegen, was die Verhaltensweisen des anderen in mir auslösen und dann erst entscheiden! Ich muß mir zuerst Klarheit über die Intentionen meines Partners verschaffen, indem ich z.B. seine möglichen Interessen reflektiere.“ etc. Werden diese Mechanismen in der Darstellung deutlich genug, erübrigt sich für diese Monologe ein Auswertungsgespräch. Stattdessen kann versucht werden, die Überlegungen zu möglichen alternativen Verhaltensweisen des Raben auf ihre Praxistauglichkeit hin zu überprüfen:
Dazu kann die Fabel nochmals in einem dialogischen Spiel nachgespielt werden, nun aber mit der Aufgabe für den Raben, sich so zu verhalten, daß er den Käse behält. Dieses dialogische Spiel kann – muß aber nicht – an verschiedenen Stellen durch Monologe der einzelnen Partner, vor allem des Raben, unterbrochen werden, in denen er sich über den aktuellen Stand der Dinge, seine eigenen Gefühle und Ziele Klarheit verschafft. Im Auswertungsgespräch können Fragen

aufgeworfen werden wie nach der Diskrepanz von Gefühl und Handlungsentscheidung, nach der Schwierigkeit, sich Schmeicheleien zu entziehen, die einem vielleicht gar nicht unangenehm sind und dem Problem, Ansprüche so abzuwehren, daß der Partner nicht unnötig verletzt oder verärgert ist.

Phase 5:

Um den Transfer auf die eigene Realität der Schüler zu verdeutlichen, kann die Aufgabe gestellt werden, in Gruppen eine Situation aus dem Alltag zu erarbeiten und im Spiel darzustellen, in der eine ähnliche Situation verdeutlicht wird. Zum Verständnis der Fabel selbst wäre dies nach dem Vorangegangenen möglicherweise verzichtbar, uns scheint es jedoch durchaus sinnvoll, daß sich die Schüler nochmals bewußt mit Situationen aus ihrem unmittelbaren Umfeld auseinandersetzen, in denen sie häufig ähnliche Erfahrungen gesammelt haben.
Bei der Darstellung ist wichtig, daß die Schüler keine Realpersonen aus ihrer Klasse darstellen, da sonst das Klima erheblich belastet werden kann. Von daher sollte sich die Auswertung darauf beschränken, die jeweiligen Darstellungen daraufhin zu befragen, ob sie tatsächlich die Intention der Vorlage getroffen haben und welche Möglichkeiten es gibt, auf Schmeicheleien zu reagieren.

Phase 6:

Da die Aussageintention der Fabel schon durch den Autor klar formuliert ist, kann direkt mit der Frage eingesetzt werden, weshalb die Autoren, wenn sie sich doch offensichtlich mit ihrer Belehrung an Menschen und nicht an Tiere wenden wollen, das Mittel der Verfremdung durch handelnde Tiere einsetzen. Im Unterrichtsgespräch können die Schüler eventuell vorhandenes Vorwissen einbringen. Es ist durchaus möglich, daß vor allem ältere Schüler die Funktion dieser Verfremdung schon kennen (Abbau möglicher Abwehr gegen plumpe Belehrung beim Leser; Schaffung einer Distanz zum Geschehen; Vermeidung von Sanktionen durch die Herrschenden, wenn gesellschaftliche Mißstände angeprangert werden). Je nach Alter und Vorwissen der Schüler kann es notwendig werden, daß der Lehrer einen Uberblick gibt über die historischen Situationen, in denen Fabeln entstanden sind (autoritäre Herrschaftsstrukturen, Mißbrauch der Macht durch die Herrschenden, willkürliche Ausschaltung von Kritikern und politischen Gegnern).

Hausaufgabe

Zur Lernzielüberprüfung bieten sich verschiedene schriftliche Aufgabenstellungen an.
Sollen Verfremdungstechnik und Wirkungselemente der Fabel nochmals vertieft werden, können die Schüler selbst eine Fabel verfassen, entweder zur vorgegebenen Moral der behandelten Fabel, zu einer Aussageintention ihrer eigenen Wahl oder zu einer anderen, durch den Lehrer vorgegebenen Aussageintention, wie z.B. die Verdeutlichung von Machtmißbrauch durch eine Fabel o.ä.
Ebenso wäre denkbar, daß die Schüler eine andere Fabel auf eine ihnen vertraute Alltagssituation übertragen.

Didaktische Analyse der Fabel „Die Teilung der Beute“

Im Gegensatz zur Fabel vom Fuchs und dem Raben gehört die Geschichte von der Teilung der Beute (vgl. S. 64) eindeutig zu den Fabeln mit sozial- und gesellschaftskritischer Intention.

Die Teilung der Beute

„Ein Löwe, Fuchs und Esel jagten miteinander und fingen einen Hirsch. Da befahl der Löwe dem Esel, das Wildbret zu teilen. Der Esel machte drei gleiche Teile; darüber wurde der Löwe zornig und riß dem Esel das Fell über die Ohren.
Darauf wandte er sich an den Fuchs und ließ ihn die Beute teilen. Der Fuchs stieß die drei Teile wieder zusammen und gab alles dem Löwen. Darüber lachte der Löwe und sprach: „Wie kommt es, daß du so richtig teilen kannst? Wer hat es dich gelehrt?“ „Der Doktor da im roten Barett;“, antwortete der Fuchs.“

Aesop/Luther

Luther fügt der Fabel zwei Lehren an („Herren wollen Vorteil haben, und man soll mit den Herren nicht Kirschen essen, denn sie werfen einen mit den Stielen.“ und „Das ist ein weiser Mann, der sich an eines andern Unfall bessern kann“, von denen die erste zwar noch die Realität trifft, die zweite aber vordergründig die Aufforderung zur Anpassung enthält, wobei zweifelhaft erscheint, ob damit das Bild der Fabel angemessen umgesetzt wird).
Die Fabel reflektiert die nackten Herrschaftsverhältnisse, wie sie zu Zeiten Aesops ebenso bestanden wie im Prinzip auch noch zu Luthers Zeit. Der Löwe als Mächtiger und Privilegierter steht gegen den Esel und den Fuchs als ohnmächtig Unterdrückte, zumindest was das Ausgeliefertsein an rohe Gewalt angeht. Was ‚richtig‘ und damit Recht ist (‚richtige‘ Teilung) wird durch den definiert, der die Macht hat, und ‚richtig‘ handelt nach diesem Gesetz des Stärkeren, wer sich, wie der Fuchs, dieser Moral anpaßt. Dabei bedeutet diese Anpassung weder Unterwerfung noch Billigung. Nicht nur der Löwe ist am Ende der Mächtige, sondern ebenso der Fuchs, der durch den Hinweis auf den blutüberströmten Esel nicht nur die Brutalität und die Machtansprüche des Löwen offen legt, „selbst sich aber jeglicher Anerkennung des Machtprinzips dadurch entzieht, daß er nur auf die Ad-hoc-Erfahrung verweist und dadurch einsichtig macht, welcher Unterschied zwischen einem Sichbeugen und einem Anerkennen liegt.“ (Doderer 1970, S. 22)
Das ‚Lernen‘ des Fuchses, das durch das Schicksal des Esels befördert wird, ist nichts anderes als die kurzfristige Anpassung an momentane Machtverhältnisse, aber keinesfalls deren grundsätzliche Anerkennung. Das Aufzeigen der brutalen Folgen ungebremster Machtausübung durch die aufstachelnde Pointe zielt eben nicht auf die Erhaltung und Legitimierung dieser Strukturen, sondern auf deren Reflexion und damit auf die Frage ihrer Gültigkeit und Veränderbarkeit. Diese Reflexion muß den Kernpunkt der Fabelbearbeitung im Unterricht bilden. Die Metapher vom ‚Doktor im roten Barett‘ ist sicher nicht zufällig, der Esel wird der Kategorie der weltfremden Gelehrten zugewiesen, der die Realität der Macht verkennt und noch, wie sein Teilungsversuch zeigt, an die Gerechtigkeit der Welt glaubt. Bei oberflächlicher Betrachtung könnte die Fabel von den Schülern als Aufforderung zur kritiklosen Anpassung und Unterwerfung unter bestehende Verhältnisse verstanden werden. Einige Schwierigkeiten dürfte es bereiten, die in der Antwort des Fuchses enthaltene Anprangerung der nackten Gewalt als Form des Widerstandes zu verdeutlichen. Wir glauben, daß hier Techniken des Rollenspiels sehr hilfreich sein werden, da sie ermöglichen, die Überlegungen des Fuch-

ses, die hinter seiner Äußerung stehen, sichtbarer werden zu lassen als dies in einem reinen Sprechen ‚über' möglich wäre.

Unterrichtsverlauf

Phase 1:

Als Einstieg kann zum Vorstellen der Fabel die Redensart vom ‚Löwenanteil' benutzt werden, deren Entstehung aus dem vorliegenden Text heraus erklärt werden kann. Vor allem bei jüngeren Schülern wird es vor der eigentlichen Bearbeitung notwendig sein, die Metapher vom ‚Doktor im roten Barett' zu erklären, um inhaltliche Mißverständnisse zu vermeiden.
Um zu vermeiden, daß die Schüler bei der Übertragung unzulässigerweise auf angeblich biologische Eigenschaften der Tiere zurückgreifen, scheint es uns bei dieser Fabel angemessen, vor der vertieften inhaltlichen Bearbeitung die Funktion der handelnden Tiere zu klären:
Der Löwe ist nicht stark und mächtig aufgrund seiner körperlichen Konstitution, sondern aufgrund seiner gesellschaftlichen Stellung, als absoluter Herrscher in einer bestimmten gesellschaftlichen Situation, ebenso wie der Esel nicht als Tier ‚Esel' dumm ist, sondern erst durch eselhaftes Verhalten als dumm erscheint. Auch hier wird wieder deutlich, daß bei der Fabeldeutung keinesfalls den Tieren stereotyp zugeschriebene Eigenschaften zur Deutung herangezogen werden dürfen: Der Esel verhält sich nach der formalen Logik nicht dumm, sondern er teilt arithmetisch richtig, seine Dummheit besteht in der Verkennung der Machtverhältnisse. Dasselbe gilt für den Fuchs, der nicht über Schläue als konstitutives Merkmal seines Fuchsseins verfügt, sondern dessen Schläue in der angemessenen Reaktion auf bestimmte gesellschaftliche Verhältnisse besteht. Es kann folglich in Klassen, die sich schon mit Fabeln auseinandergesetzt haben, direkt mit der Feststellung eingesetzt werden, daß die Tiere menschliche Verhältnisse symbolisieren sollen und die Frage angeknüpft werden, welche Personengruppen durch die einzelnen Tierfiguren charakterisiert werden (Rückgriff auf: Der Fuchs und der Rabe). Dabei kann es sich als notwendig erweisen, die Schüler in einem kurzen historischen Abriß in die Herrschafts- und Besitzverhältnisse zu Zeiten Aesops und Luthers einzuführen. (Sklavenhaltergesellschaft – Feudalherrschaft; Löwe als Herrscher – Fuchs und Esel als Untertanen, die beide im Prinzip gleich ohnmächtig sind, die Verhältnisse aber unterschiedlich gut durchschauen).

Phase 2:

In der zweiten Phase sollen die Schüler Gelegenheit erhalten, sich intensiver mit den Motiven der handelnden Figuren auseinanderzusetzen. Dazu bietet sich eine Reihe von Monologen an:

- Was denkt der Löwe, was erwartet er, als er dem Esel den Teilungsauftrag überträgt?
- Was geht in dem Esel vor, als er die Teilung vornimmt?

Im ersten Monolog sollte deutlich werden, daß der Löwe im Hinblick auf seine gesellschaftliche Stellung selbstverständlich für sich den gesamten Ertrag beansprucht und daß dieser Anspruch die grundlegenden Besitzverhältnisse insgesamt wiederspiegelt. Obwohl gemeinsam gejagt wurde, ist es aus seiner Sicht eine nicht in Frage zu stellende Verpflichtung seiner Untertanen, vorrangig für ihn und seine Bedürfnisse zu sorgen. Der Lehrer sollte hier als Doppel unterstützend tätig werden.
Im zweiten Monolog sollte deutlich werden, daß der Esel an die vorgeblich herrschende Gerechtigkeit glaubt und daß er die realen Verhältnisse vollständig verkennt.

Es wäre nun möglich, den Fuchs ebenso einen Monolog führen zu lassen, doch würde dadurch die Ambivalenz seiner Reaktion (Anpassung und Widerstand) nicht ausreichend verdeutlicht. Dies gelingt leichter durch den Einsatz eines Ambivalenzdoppels (zwei Schüler treten neben den Darsteller und verkörpern je eine Seite seiner inneren Bedürfnisse): Ein Schüler sollte den Anteil des Fuchses darstellen, der nicht will, daß es ihm ebenso geht wie dem Esel, ein anderer Schüler den Anteil in ihm, der eigentlich will, daß gerecht geteilt wird und zumindest sich indirekt gegen die Ungerechtigkeit wehren will. Auch hier sollte der Lehrer als Doppel unterstützend eingreifen, damit der Anteil an Widerstand in der Antwort des Fuchses auch deutlich wird. (Z.B.: Wie kann ich dem Löwen zeigen, daß ich mit seinem Vorgehen nicht einverstanden bin? Wie kann ich deutlich machen, daß ich mich nur einem momentanen Druck beuge? o.ä.) Durch das Doppel, das vermeiden will, daß es ihm geht wie dem Esel, können nochmals die gesellschaftlichen Machtverhältnisse deutlich aufgezeigt werden. Ist die Darstellung deutlich genug, kann auf ein Auswertungsgespräch verzichtet werden, andernfalls können im Anschluß an das Spiel nochmals die Absichten des Fuchses verbalisiert werden: Paßt sich der Fuchs nur an? Wie würde eine Antwort aussehen, die eine Unterwerfung des Fuchses deutlich machen würde (Anerkennung der Legitimität der Ansprüche des Löwen)? Weshalb gibt er in der Sache nach?

Phase 3:

Nicht die Suche nach der verbindlichen moralischen Aussage der Fabel ist Ziel der Reflexion, sondern die Übertragung des Fabelbildes auf die Erfahrungen und die Lebenssituation der Schüler. Ältere Schüler werden Parallelen auch in der allgemeinen politisch gesellschaftlichen Situation finden können, jüngeren und älteren gemeinsam sind jedoch mit Sicherheit analoge Erfahrungen aus ihrem unmittelbaren sozialen Umfeld, sei es in der Schule, im Freundeskreis oder im Elternhaus. Die Bearbeitung kann auf verschiedene Weise erfolgen:
Die Schüler können erzählen, wo sie selbst schon ähnliche Situationen erlebt haben oder aber sie können die Aufgabe erhalten, in Gruppen eine analoge Situation aus ihrem eigenen Umfeld zu erarbeiten und in einem Rollenspiel darzustellen. Dabei können imaginäre Handlungspartner eingesetzt werden, was im Gegensatz zum Gespräch übergroße Schärfe vermeiden hilft, ohne daß die Aussagen dadurch an Deutlichkeit in bezug auf Gemeintes und Gemeinte verlieren.
Im Auswertungsgespräch kann geklärt werden, wo die Ursachen für die gezeigten Konflikte/Verhaltensweisen liegen (gesellschaftlich-individuell) und welche Möglichkeiten zur Veränderung oder zum Widerstand möglich wären. Bei Konflikten auf individueller Ebene können diese alternativen Handlungsmuster auch im Spiel erprobt werden.
Als Hausaufgabe können die Schüler die Aufgabe erhalten, einen der gezeigten Konflikte in Fabelform darzustellen.

Vorschläge für weitere Arbeiten

Im Prinzip eignen sich alle Fabeln für die Bearbeitung mit Rollenspieltechniken. Wir nennen hier nur einige Fabelbeispiele, zu denen leicht zugängliche Analysen vorliegen.
Ide, Heinz (Hrsg.): Projekt Deutschunterricht 1, Kritisches Lesen – Märchen, Sage, Fabel, Volksbuch, Stuttgart 1971 (Metzler)

- Pestalozzi, H.: Zwei Füllen (Zufälligkeit der Bildungschancen)
- Aesop: Der Löwe und die Maus („Großmut“ eines Mächtigen)

- Lessing, G. E.: Die Pfauen und die Krähen (sich mit fremden Federn schmücken)
- Krylow, I.: Der Schwan, der Hecht und der Krebs (Lösung einer gemeinsamen Aufgabe)
- La Fontaine, J.de.: Die Grille und die Ameise (Lust- contra Realitätsprinzip)

Vgl. auch Franz-Josef Payrhuber: Wege zur Fabel. Didaktisches Konzept für eine variationsreiche Behandlung. Mit Unterrichtsbeispielen für das 2.–10. Schuljahr. Herder: Freiburg 1978

Auszüge aus Ganzschriften

Peter Weiss, Nicht versetzt

„Die Täuschung, man könnte bei einem Anfang beginnen, am Punkt, vor dem nichts wäre, wird vom heutigen Erzähler auffälliger und allgemeiner in Zweifel gezogen, energischer verspottet; man kann nur anfangen, da, jetzt. Oder anders: man kann nicht anfangen, sondern nur mitmachen, dabeisein, ohne Anspruch und Hoffnung auf Grenze und Übersicht. Das Dasein ist überall geöffnet. Und so traut sich der zeitgenössische Erzähler auch den Schluß nicht zu; er mag nicht „Ende" schreiben, oder, wenn er es tut, dann ist ein Gelächter dabei ..." (Weber, Werner, München 1969, S. 16)

Dieses Zitat des Literaturkritikers Werner Weber mag verdeutlichen, weshalb unserer Ansicht nach auch Ausschnitte aus Ganzschriften mit Rollenspieltechniken bearbeitet werden können. Es ist nicht nur legitim, sondern geradezu notwendig, daß der Leser selbst ‚abgeschlossene' Texte fortsetzt, bei Textausschnitten liegt diese Notwendigkeit noch stärker auf der Hand, wobei selbstverständlich auf den Gesamtkontext geachtet werden muß. Da dieser jedoch, falls der Gesamttext nicht gelesen wird, immer nur äußerst unvollkommen wiedergegeben werden kann, ist es desto notwendiger, durch erlebnisorientierte Formen, wie z.B. das Rollenspiel, dem Leser zu ermöglichen, in das Geschehen hineinzugehen.
Das von uns ausgewählte Beispiel soll dabei verdeutlichen, welche Funktion Rollenspieltechniken bei der Bearbeitung von Ganzschriften erhalten können: Sie dienen weniger zur Sicherung des Verständnisses des Gesamtzusammenhangs, sondern der Anbindung einzelner Elemente an die Lebenserfahrung und Realität der Schüler. Daneben erlauben Rollenspieltechniken ein subjektives Nacherleben und Hineinleben in die handelnden Charaktere; sie ermöglichen damit sowohl eine vertiefte Auseinandersetzung mit den Personen des Textes, deren möglichen Motive und Empfindungen als auch den Transfer auf die eigene Realität.
Selbstverständlich kann in ähnlicher Weise wie im hier vorgelegten Beispiel die Methode Rollenspiel an einzelnen Punkten eingesetzt werden, wenn eine Ganzschrift im Zusammenhang gelesen wird. Dabei sollte jedoch darauf geachtet werden, daß nicht einzelne Passagen *nachgespielt* werden, sondern daß mit Hilfe des Rollenspiels versucht wird, tatsächliche Leerstellen des Textes zu füllen *oder* eine im Text nur kurz angelegte Problematik zu vertiefen.

Didaktische Analyse

Der vorgestellte Text „Nicht versetzt" (vgl. S. 69) stammt aus dem in großen Teilen autobiographischen Roman „Abschied von den Eltern" des kürzlich verstorbenen Autors Peter Weiss, den er zumindest in Teilen während seiner Psychoanalyse verfaßte. Weiss, der als Jugendlicher die Anfänge des Hitlerfaschismus erleben mußte, emigrierte über Prag nach Skandinavien. Das von ihm

Nicht versetzt

„Ich kam mit einem Schulzeugnis nach Hause, in dem ein schrecklicher Satz zu lesen war, ein Satz, vor dem mein ganzes Dasein zerbrechen wollte. Ich ging mit diesem Satz große Umwege, wagte mich nicht mit ihm nach Hause, sah immer wieder nach, ob er nicht plötzlich verschwunden war, doch er stand immer da, klar und deutlich.

Als ich schließlich doch nach Hause kam, weil ich nicht die Kühnheit hatte, mich als Schiffsjunge nach Amerika anheuern zu lassen, saß bei meinen Eltern Fritz W.

„Was machst du denn für ein betrübtes Gesicht", rief er mir zu. „Ist es ein schlechtes Zeugnis?" fragte meine Mutter besorgt, und mein Vater blickte mich an, als sehe er alles Unheil der Welt hinter mir aufgetürmt. Ich reichte das Zeugnis der Mutter hin, aber Fritz riß es mir aus der Hand und las es schon, und brach in schallendes Gelächter aus. „Nicht versetzt!" rief er und schlug sich mit seiner kräftigen Hand auf die Schenkel. „Nicht versetzt!" rief er noch einmal, während meine Eltern abwechselnd ihn verstört anstarrten, und zog mich zu sich heran, und schlug mir auf die Schultern. „Nicht versetzt! Genau wie ich!" rief er, „ich bin viermal sitzengeblieben." Damit war die Todesangst zerstäubt, alle Gefahr war vergangen. Aus den verwirrten Gesichtern meiner Eltern konnte sich keine Wut mehr hervorarbeiten, sie konnten mir nichts mehr vorwerfen, da ja Fritz W., dieser tüchtige und erfolgreiche Mann, alle Schuld von mir genommen hatte und mich geradezu noch besonderer Ehrung für würdig hielt."

Peter Weiss: Abschied von den Eltern, Frankfurt/M. 1967, Suhrkamp Verlag

geschilderte Versagen in der Schule hatte so für die Familie und auch für ihn eine ungleich höhere Bedrohung als für andere Schüler oder für die Mehrheit der heutigen Schülergeneration: Als zwangsweise emigrierte jüdische Familie mit ungewisser Zukunft sehen die Eltern in einer guten Schulausbildung das einzige Kapital, das, falls überhaupt, ihrem Sohn eine Zukunft ermöglichen könnte. Das schulische Versagen erhält so einen existenzbedrohenden Aspekt, und der Vater sieht daher nicht von ungefähr „alles Unheil der Welt hinter mir aufgetürmt".

Der hier beschriebene Kontext kann bei der Bearbeitung des Textes auch den Schülern zugänglich gemacht werden, er scheint uns aber für das unmittelbare Textverständnis nicht notwendig. Wir würden diesen Kontext, wenn überhaupt, erst im Anschluß an eine individuelle Textbearbeitung durch die Schüler einbringen, um ihren eigenen Zugang zu der ihnen allen durchaus vertrauten Problematik nicht von Beginn an zu überformen.

Da der Text vom Inhalt her leicht verständlich ist, liegt der Schwerpunkt unserer Erarbeitung im Versuch, den Schülern die Möglichkeit zu geben, eigene Erfahrungen mit ihren Versagensängsten zu bearbeiten oder ihnen zu ermöglichen, sich mit einer ihnen möglicherweise bislang unzugänglichen Erfahrungsebene auseinanderzusetzen.

Auch Schüler, die noch nie Gefahr liefen, nicht versetzt zu werden, leiden unter der Angst vor einem möglichen Versagen, leben häufig in dem teilweise diffusen Gefühl, den Erwartungen ihrer sozialen Umgebung nicht gerecht zu werden. So kann es für den ‚guten' Schüler möglicherweise bedrohlicher sein, die erwartete Spitzenleistung nicht zu erbringen als für den anerkanntermaßen ‚schlechten' Schüler, der mit einer unzureichenden Leistung die Erwartungen seiner Umwelt ja erfüllt. Häufig ist es jedoch auch

so, und diese Erfahrung haben wir immer wieder bei Lehrergruppen gemacht, mit denen wir diesen Text bearbeiteten, daß sich der ständig Erfolgreiche plötzlich in einer völlig unbekannten Gefühlswelt wiederfindet, wenn er sich einmal in die Rolle eines Versagers hineinlebt. Wir haben oft erlebt, daß nach einer solchen stark emotional geprägten Erfahrung, die in dieser Intensität nur im Spiel möglich ist, stark rational geprägte Einstellungen zum Problem des Schulversagens relativiert wurden.
Der Umgang mit solchen Grundängsten aller Beteiligten (denn auch die Lehrer sind in ihrer Arbeit nicht frei von solchen Ängsten) sollte sehr vorsichtig geschehen und Rücksicht sowohl auf die aktuellen Fähigkeiten des Lehrers, sich selbst authentisch einzubringen, als auch auf den Grad der Geübtheit und des Vertrauens der Schüler untereinander Rücksicht nehmen.
Wir bieten daher diese Unterrichtseinheit mit mehreren Alternativen an, so unter anderem mit einigen Vorgaben, die vor der eigentlichen Textbearbeitung eingesetzt werden können. Die von uns hier aufgezeigten Spielvorschläge stellen ein Maximum dar, es erscheint uns daher auch durchaus sinnvoll, wenn Kollegen bei ihrer Arbeit nur einzelne Spielelemente aufnehmen und andere Spielpassagen z.B. durch ein Unterrichtsgespräch ersetzen. Auch die Einführungsvorschläge können ganz entfallen.
Jeder Kollege sollte hier für seine Klasse entscheiden, was ihm notwendig an Hinführung erscheint.

Unterrichtsverlauf

Phase 1 (fakultativ):

Wie wir schon erwähnt haben, wollen wir eine breite Einführung in die Gesamtproblematik anbieten. Dazuhin wollen wir an dieser Stelle einmal aufzeigen, wie auch der Lehrer sich als unmittelbarer Akteur in solchen Stunden miteinbringen kann. Das Einstiegsbeispiel ist relativ willkürlich gewählt und sollte möglichst auf die Bedingungen der jeweiligen Schule übertragen werden. Es hat an dieser Stelle nur exemplarischen Charakter:
„Neulich ist mir etwas furchtbar Peinliches passiert: Ich hatte einem Kollegen versprochen, Material für seinen Werkunterricht zu besorgen (Arbeitsblätter zu kopieren; für ihn einen Termin zu vereinbaren; einen Bus zu bestellen etc.), da er selbst keine Zeit hatte. Und dann habe ich es einfach vergessen, einfach so vergessen! Natürlich habe ich auch eine Menge anderer Sachen im Kopf gehabt, aber trotzdem!
Erst an dem Morgen, an dem er die Sachen für seine Klasse gebraucht hat (er zu der Verabredung sollte; mit seinen Schülern wegfahren wollte) ist es mir wieder eingefallen. Das war mir furchtbar peinlich, ich hatte sogar richtig Angst, was er jetzt von mir denken würde. Ich bin dauernd in meiner Wohnung herumgelaufen und habe mir überlegt, was ich tun soll."

An dieser Stelle sollte der Lehrer unbedingt auch selbst einmal einen Monolog sprechen, wie er sonst häufig von den Schülern verlangt wird. Dabei sollte sich sein Verhalten, wie dies für alle Spielsequenzen gefordert wird, deutlich von der Einführungserzählung unterscheiden. Möglicherweise könnte an dieser Stelle kurz ein fiktiver Raum aufgebaut werden. Als Hinweis, wie dieser Monolog aussehen könnte, geben wir hier ein kurzes Beispiel:
„Das ist mir furchtbar peinlich! Was sag ich dem bloß? Der hat sich doch fest auf mich verlassen! Jetzt sitzt er da mit seiner Klasse und hat kein Material. Warum kann der sich auch das Zeug nicht selbst besorgen, das hab ich jetzt von meiner Gutmütigkeit! Am liebsten würde ich gar nicht hingehen. Ich kann ihm doch nicht einfach sagen ‚das hab

ich eben vergessen!' Unzuverlässig, wird der denken. Und die Schüler erst, die lachen sich natürlich ins Fäustchen, wenn sie hören, daß ich schuld bin. Und denen hab ich immer gesagt: Vergessen, das gibt's einfach nicht, bei mir jedenfalls nicht. Wenn ich nur daran denke, daß der das den Kollegen weitererzählt oder dem Chef, wie seh ich da aus?! Davor hab ich richtig Angst. Na, hingehen muß ich auf jeden Fall, da hilft alles nichts. Ich hab richtig Angst davor, mir ist schon übel."

An diesem Beispiel läßt sich sehr gut zeigen, welche Funktion ein Monolog in der konkreten Unterrichtssituation erfüllen kann. Neben der Hinführung der Schüler zur Problematik des Textes wird, was uns wesentlich wichtiger erscheint, eine gemeinsame Beziehungs- und Erfahrungsebene geschaffen, in die sich der Lehrer auch emotional gleichwertig einbringt. Würden die Schüler nur aufgefordert, ihre eigenen Ängste in Versagenssituationen zu beschreiben, wäre ein Ungleichgewicht gegeben: Der Schüler bringt etwas von seiner Person, von seinen existentiellen Erfahrungen und Ängsten ein, oder soll es zumindest, während der Lehrer in einer neutralen Steuerungs- und Supervisionsfunktion bleibt, zwar unangreifbar, aber dadurch auch weitgehend unerreichbar für die Schüler. Durch das Angebot dieses Monologs hingegen erfährt der Schüler, daß auch der Lehrer, ebenso wie alle Erwachsenen, sehr wohl Ängste in sich hat und daß man über diese Ängste offen sprechen kann.

Phase 2 (fakultativ):

Die Schüler werden aufgefordert, sich zu überlegen, ob sie selbst schon ähnliche Situationen erlebt haben und inwieweit sie die im Monolog beschriebenen Gefühle des Lehrers nachvollziehen oder teilen können. Um diesen Prozeß zu intensivieren, können an die Schüler verschiedene Spielaufgaben vergeben werden. Wir zeigen hier einige Alternativen, die je nach Situation oder Intention des Lehrers eingesetzt werden können:

1. Die Schüler sollen sich eine Situation überlegen, in der sie selbst versagten, diese kurz schildern und anschließend einen Monolog, ähnlich dem des Lehrers, versuchen.

2. Die Schüler sollen sich in einer kleinen Gruppe eine Situation überlegen, in der das Versagen eines Einzelnen gezeigt wird und die Reaktion der Umwelt auf ihn als die Fehlleistung deutlich wird.

3. Die Schüler spielen das Gespräch des Lehrers mit seinem Kollegen, als er diesem erklären muß, daß er den Auftrag nicht erfüllt hat. Dabei kann der Lehrer als Hilfestellung seine eigene Rolle weiterspielen, dies sollte er aber nur dann anbieten, wenn sich wirklich kein anderer Spieler findet.

Die aufgeführten Alternativen zielen darauf ab, den unterschiedlichen Spielerfahrungen in verschiedenen Lerngruppen gerecht zu werden.

Wir halten die Realisierung des ersten Vorschlags nur in Gruppen für angemessen, die schon über viel Spielerfahrung verfügen, da hier die Schüler aufgefordert werden, sich zu ihren eigenen Versagensängsten zu äußern und persönliche Empfindungen und Erfahrungen relativ ungeschützt darzustellen. Bei der zweiten und dritten Alternative hingegen können sich die Schüler auf fiktiven Handlungsebenen mit möglichen Bewältigungsstrategien in Versagenssituationen auseinandersetzen.

In der Auswertungsphase sollten nicht nur die emotionalen Prozesse bei Akteuren und Beobachtern angesprochen werden, sondern ebenso die zu beobachtenden Kommunikationsstrukturen untersucht werden: Es stellt sich die Frage nach vorhandenen Stra-

tegien und deren Beeinflussung durch das Kommunikationsverhalten der jeweiligen Partner.
Mögliche Auswertungsgesichtspunkte könnten sein:

Bezogen auf die Spieler:
- Wie hast du dich gefühlt? (Bezogen auf bestimmte Situationen und Reaktionen während des Spiels, aber auch allgemein)
- Welche Gefühle konntest du bei dir wahrnehmen, und wie haben sie sich möglicherweise während des Spiels verändert?
- Inwieweit haben dich die Reaktionen deiner Mitspieler in deinem Verhalten beeinflußt?
- Welche Strategie hast du selbst verfolgt? Wie weit war sie identisch mit deinen tatsächlichen Gefühlen und Bedürfnissen?

Bezogen auf die Zuschauer:
- Welche Gefühle wurden bei euch ausgelöst (bezogen auf bestimmte Situationen und allgemein)?
- An welcher Stelle hättet ihr gerne eingegriffen?
- Welche Gefühle, Handlungen, Reaktionen der Akteure könnt ihr selbst teilen?

Wie schon erwähnt, kann auf diese Hinführung zum Text von Peter Weiss auch verzichtet werden und sofort mit der anschließenden Textbearbeitung begonnen werden. Wir glauben allerdings, daß nach einer Hinführung zum Text in dieser oder ähnlicher Form die Schüler den im Text angesprochenen Problemen offener und differenzierter gegenüberstehen werden.

Phase 3:

Als Einstieg in die eigentliche Textbehandlung genügt der Hinweis, daß ein Text behandelt werden soll, der eine Teilproblematik des Schülerdaseins anspricht. In Klassen, in denen eine der Hinführungen zum Text vorgeschaltet wurde, kann zusätzlich die Aufgabe gestellt werden, den Zusammenhang zwischen dem Vorhergegangenen und den Inhalten des Textes herzustellen.

Phase 4:

Nachdem der Text gelesen wurde und die Schüler die Möglichkeit hatten, sich allgemein zu äußern, kann an der Stelle des Textes „... sah immer wieder nach, ob er nicht plötzlich verschwunden war, doch er stand immer da, klar und deutlich." eingesetzt werden.
Weiss bietet hier dem Leser geradezu idealtypisch eine ‚Leerstelle –'. Der entscheidendc Satz („Nicht versetzt") wird ebensowenig direkt ausgesprochen wie die Gefühle, die ihn beim immer erneuten Betrachten dieser entscheidenden Worte bewegen; nur aus seinem Verhalten wird deutlich, welche Ängste diese Worte bei ihm auslösen. Durch diese Offenheit wird der Leser auf seine eigenen Gefühle zurückgeworfen, die er mit einer derartigen Situation verbindet. Diese Gefühle des Lesers können in einem Monolog oder Dialog deutlich gemacht werden:
- „Peter befindet sich auf dem Weg nach Hause mit einem Zeugnis, das ‚einen schrecklichen Satz' enthält. Vielleicht kann einer von euch in einem Monolog darstellen, was in ihm vorgeht, was er denkt, was er fühlt."

Wir haben gute Erfahrungen damit gemacht, wenn vor dem eigentlichen Monolog dem Spieler die Gelegenheit gegeben wird, die Befindlichkeit von Peter durch körpersprachliche Mittel auszudrücken, d.h., zu gehen, wie Peter in dieser Situation geht, eine Haltung einzunehmen, die seinen Empfindungen entsprechen könnte. Dies erleichtert dem Spieler den Einstieg und das Einleben in die Rolle.
Der Monolog kann mit Hilfe folgender Fragen ausgewertet werden:

– Wovor hat Peter am meisten Angst?
– Stört ihn sein schlechtes Zeugnis oder spielen tiefergreifende Ängste eine Rolle?
– Welche Gefühle kann Peter formulieren?
– Inwieweit können die Beobachter diese Gefühle teilen?
– Wo haben sie ganz andere Erfahrungen?

Wenn irgend möglich, sollte der Monolog Peters von mehreren Schülern dargestellt werden, die durch Doppel (auch durch den Lehrer) unterstützt werden. Im Auswertungsgespräch sollte an dieser Stelle auch angesprochen werden, welche existenzbedrohende Komponente das Schulversagen für Peter hat. Die Schüler können ihre eigenen Erfahrungen damit vergleichen. Möglicherweise könnte hier auch eine Einführung in den Gesamtkontext des Ausschnittes erfolgen.

Phase 5:

Über die Erarbeitung der existenzbedrohenden Komponente stoßen wir leicht auf die Frage der Handlungsmöglichkeiten Peters und damit auf die nächste Unbestimmtheitsstelle: „weil ich nicht die Kühnheit hatte, mich als Schiffsjunge anheuern zu lassen."
An dieser Stelle können die Schüler emotionale Entlastung erleben, indem sie die Möglichkeit erhalten, auch utopische Strategien (Flucht) zu reflektieren. Gleichzeitig werden diese Utopien auf ihre Realisierungsmöglichkeiten und Alltagstauglichkeit hin überprüft. Der Text spricht an dieser Stelle nur davon, daß Peter der ‚Mut' zu diesem Schritt gefehlt hat. Mit den Schülern könnte man darüber hinaus erarbeiten, welche Schwierigkeiten sich bei einem solchen Schritt auch bei ausreichendem Mut, sprich bei der Realisierung, ergeben. Sie erfahren dabei, inwieweit Flucht zwar eine Vermeidung aktueller Konflikte bedeuten kann, gleichzeitig aber auch nur ein zeitweiliges Ausweichen vor der eigentlichen Konfliktlösung ermöglicht.

Die Spielaufgabe lautet:
– „Peter überlegt sich ernsthaft, ob er weglaufen soll, wenn er genügend Mut hätte, würde er sich als Schiffsjunge anheuern lassen. Spielt bitte einmal folgende Situation: Peter trifft auf seinem Heimweg einen oder mehrere Freunde und unterhält sich mit ihnen darüber, was er jetzt machen soll. Weglaufen oder nach Hause gehen?"

Die Spielphase sollte unter folgenden Gesichtspunkten ausgeweitet werden:
– Wodurch wurde Peter bestärkt bzw. abgehalten von seinem Vorhaben?
– Welche Schwierigkeiten wurden bei den verschiedenen Verhaltensmöglichkeiten deutlich? Wurden sie angesprochen?
– Welche Gefühle hat man, wenn man an Weglaufen denkt?
– Haben die Beobachter schon solche Gefühle erlebt? Ähnliche Utopien? Weshalb träumt man von solchen Lösungen? Weshalb werden sie verwirklicht/verworfen?

Wenn angestrebt wird, die Strategien, die zur Bewältigung der Versagensproblematik eingesetzt werden, über den Text hinausgehend vertieft zu behandeln, können an dieser Stelle textunabhängig alternative Verarbeitungsstrukturen aufgearbeitet werden. Während im vorliegenden Text Peter sein Versagen mit den daraus folgenden Angst- und äußerlichen Fluchttendenzen durchaus negativ empfindet, werden von den Schülern häufig völlig andere Verarbeitungsmuster eingesetzt: Das persönliche Versagen wird nicht durch einen nach außen, sondern durch einen nach innen gerichteten und nur im (Unter)Bewußten wirksam werdenden Vermeidungsprozeß bewältigt, indem die Unwertgefühle des Versagers umgedeutet werden zu einem bewußt angestrebten und als positiv gekennzeichneten Verweigerungsprozeß, der ungefähr durch die Haltung: „Ich will gar kein Streber sein; ich will nicht sein wie die anderen in ihrem angepaßten Verhalten; mir macht das überhaupt nichts aus!" gekennzeichnet ist. Diese Form der Verarbeitung kann ebenfalls in einer Spielaufgabe verdeutlicht werden:

- „Spielt bitte einmal einen Peter, der mit seinem Zeugnis in der Tasche einen oder mehrere Freunde trifft, die ihn darauf ansprechen, daß er nicht versetzt worden ist. Diesem Peter macht es aber gar nichts aus, er findet das alles überhaupt nicht schlimm."

Im Auswertungsgespräch kann dann erarbeitet werden, inwieweit die nach außen zur Schau gestellten Gefühle des Darstellers von Peter im Moment des Spielens mit scinen tatsächlichen Empfindungen übereingestimmt haben und welche Funktion dieses Verhalten für die Aufrechterhaltung eines befriedigenden Selbstbildes nach außen und innen möglicherweise hat.

Phase 6:

Nachdem die Befindlichkeit Peters durch die vorangegangenen Darstellungen ausreichend deutlich geworden sein dürften, kann mit der Textstelle: „Ist es ein schlechtes Zeugnis', fragte sie besorgt," dazu übergeleitet werden, daß das Versagen Peters nicht nur für ihn persönlich, sondern auch für seine unmittelbare soziale Umgebung von Bedeutung ist. An dieser Stelle ergibt sich die Möglichkeit, die gesamte Problematik von einer zweiten Wahrnehmungsebene, nämlich aus der Sicht von Erwachsenen, anzugehen. Uns scheint es sehr ergiebig zu sein, den Schülern auf einer erlebbaren Ebene die Gelegenheit zu geben, sich rational und emotional mit Denkstrukturen, Erwartungen, Empfindungen und Ängsten auseinanderzusetzen, die ihnen sonst nicht zugänglich sind und die sie selten bewußt, sondern häufig nur reaktiv erleben und erleiden. In diesem Prozeß wollen wir berechtigte und unberechtigte Ängste und Kommunikationsbarrieren verringern, indem die Schüler durch die Übernahme der ihnen fremden Rolle die Erfahrung machen, daß Erwachsene ebenfalls berechtigte Interessen aber auch Ängste haben und keineswegs aus einer sicheren, unangreifbaren Situation heraus agieren, sondern daß ihre Aktionen ebenfalls als Reaktionen zu begreifen sind, in denen sie versuchen, mit ihren eigenen Gefühlen und Erwartungen umzugehen.

- „Aus dem Text können wir entnehmen, daß die Mutter zunächst nicht wütend, sondern besorgt ist. Sicher denkt sie in diesem Moment über vieles nach, denn sie vermutet ja erst, daß Peter nicht versetzt ist. Bitte stellt einmal in einem Monolog dar, was Peters Mutter in diesem Moment alles durch den Kopf geht."

Der Lehrer sollte durch Doppeln dafür sorgen, daß eine möglichst breite Palette an Gefühlen bei der Mutter deutlich wird.
Auswertungsfragen für die Reflexionsphase könnten sein:

- Wovor hat die Mutter tatsächlich Angst?
- Ist sie böse auf Peter? Wenn ja, warum? Weshalb nicht?
- Hat sie ein fertiges Urteil über Peter?
- Überlegt sie, wie sie ihm helfen kann?
- Welche Rolle spielt der Vater für ihre Überlegungen?
- Was hat euch bei ihren Gedanken überrascht?
- Was würdet ihr euch als Peter wünschen, daß eure Mutter denkt?

Ergänzend kann analog dieselbe Aufgabe für einen Monolog des Vaters gestellt werden, anknüpfend an die Textstelle: „. . . und mein Vater blickte mich an, als sehe er alles Unheil der Welt hinter mir."
Die Auswertung kann analog dem Monolog der Mutter folgen, sinnvoll wird dieser zusätzliche Monolog aber besonders dann, wenn geschlechtsrollenspezifisches Verhal-

ten an den beiden Beispielen aufgezeigt und kritisch diskutiert werden kann.
Als abschließende Fragen zu dieser Phase können dienen:

- Kennt Peter die Ängste seiner Eltern oder schätzt er sie falsch ein?
- Würde er sich anders verhalten, wenn er die Gedanken seiner Eltern kennen würde? Hätte er weniger Angst?
- Was habt ihr für euch selbst in der Rolle der Eltern/der Beobachter empfunden? Was war euch neu?

Phase 7:

Für die Weiterarbeit am Text ist es nicht notwendig, die Rolle von Fritz umsetzen zu lassen, denn er wird in seinen Aktionen und Gefühlen vom Autor genau definiert, so daß es sich beim Umsetzen seiner Rolle vorrangig um ein Nachspielen des Textes handeln würde. Interessant für die Weiterarbeit am Text ist die Stelle, an der die Situation nach der Äußerung von Fritz ‚umkippt'. Die Wahrnehmung der Beteiligten wird dadurch grundlegend verändert, daß eine nachweislich sozial kompetente und gesellschaftlich erfolgreiche Person die Werthaltung der Eltern durch ein scheinbar schlüssiges Gegenbeispiel widerlegt. Der ‚Trick', der die Eltern wehrlos macht, besteht in der impliziten Verallgemeinerung und der nicht ausgesprochenen Gleichsetzung Onkel – Peter.
Sitzengeblieben zu sein ist plötzlich keine existentielle Bedrohung mehr, sondern beinahe schon Grundvoraussetzung einer erfolgreichen Karriere.

Folgende Spielaufgabe veranlaßt die Schüler, sich mit dieser veränderten Situation und den Ursachen dafür auseinanderzusetzen.

- „Wir haben Peter vorher erlebt, als er furchtbar Angst hatte, jetzt ist diese Angst plötzlich verschwunden. Die Todesangst ist zerstäubt, nachdem sein Onkel von seiner eigenen Schulzeit berichtet hat. Spielt bitte einmal in einem Monolog vor, was Peter nach der Äußerung von Fritz denkt und fühlt."

Unter Umständen ist es erforderlich, daß der Lehrer im Monolog als Doppel auftritt und die Frage nach den Gründen für Peters verändertes Empfinden als Problem einbringt.
Im Auswertungsgespräch sollte der Wirkungsmechanismus, der diese Situation zum Kippen bringt, ebenso wie die Problematik, die in der Analogie liegt, angesprochen werden.
Erweiternd kann an dieser Stelle darauf eingegangen werden, durch welche Faktoren soziale Wahrnehmung allgemein bestimmt ist und daß durch Beeinflussung auch eines einzelnen Faktors eine Situation ‚Kippen' kann (Einfluß auf Erziehung, Erfahrung, Werthaltungen, soziales und räumliches Umfeld, unbewußte Erwartungen).

Phase 8:

Unserer Meinung nach wäre es verfehlt, die Textarbeit an einer Stelle abzubrechen, an der sich die Bedrohungen und Probleme, die zuvor während der Bearbeitung angerissen wurden, nur für einen der Beteiligten gelöst haben, auch wenn sich die Schüler mit der Rolle Peters wohl am stärksten identifizieren und so aus ihrer Sicht mit der Lösung eigentlich zufrieden wären. Wie wir oben ausgeführt haben, wollen wir nicht nur eine Entlastung für den Schüler in Teilbereichen erreichen, sondern auch seine Fähigkeit zur Empathie erweitern. Deshalb erscheint es uns notwendig, am Ende nochmals die Situation der Eltern aufzugreifen, obwohl diese nach der (Schein)Lösung im Text nur noch indirekt angesprochen wird: „Sie konnten mir nichts mehr vorwerfen" ... „verwirrte Gesichter ...".
Ein dialogisches Rollenspiel erhellt die Situation der Eltern:

- „Im Text erfahren wir nur wenig über die

Reaktion der Eltern: ,Aus den verwirrten Gesichtern konnte sich keine Wut mehr hervorarbeiten, sie konnten mir nichts mehr vorwerfen.' Zunächst sind die Eltern verwirrt und sagen nichts, dabei muß es aber nicht bleiben. Ich könnte mir vorstellen, daß sich die Eltern am Abend, wenn Fritz weg und Peter im Bett ist, noch einmal über das Problem unterhalten. Vielleicht sind sie wirklich nicht mehr ärgerlich – vielleicht sind sie beruhigt – ich weiß es nicht. Bitte spielt einmal, wie dieses Gespräch am Abend aussehen könnte."

Die Auswertung richtet sich hier weitgehend nach dem Dargestellten, möglicherweise können auch verschiedene Alternativen durchgespielt werden. Grundfragen können sein:
- Sind Veränderungen in den Einstellungen gegenüber vorher zu erkennen? Worauf sind sie zurückzuführen?
- Sind die Ängste der Eltern größer – kleiner geworden?
- Wie schätzen die Eltern das Verhalten von Fritz ein?

Hausaufgabe

Eine abschließende Zusammenfassung einer solchen Textarbeit, das ,auf einen Nenner bringen', ist unnötig und wahrscheinlich auch unmöglich, da es nicht Sinn der Arbeit war, eine verbindliche Interpretation oder ein verbindliches Handlungsmuster für das Verhalten in Versagenssituationen abzuleiten. Ziel ist es, die Vielschichtigkeit und Interdependenz von Interaktionsprozessen in Abhängigkeit sowohl von den Handlungen der Akteure untereinander als auch von ihrer inneren Befindlichkeit deutlich zu machen, Wahrnehmungsfähigkeit, Handlungsfähigkeit und nicht zuletzt sprachliche Kompetenz mit Hilfe einer literarischen Vorlage zu erweitern.

Gedichte

Wir sind uns bewußt, daß wir uns bei dem Vorschlag, lyrische Texte mit Hilfe von Rollenspieltechniken zu bearbeiten, am ehesten massiver Kritik aussetzen, da wir uns in diesem Bereich am weitesten von traditionellen Bearbeitungsformen entfernen. Wir hätten dieser Gefahr leicht ausweichen können, indem wir uns stark auf Wiedergabe von Handlung angelegten Gedichten, wie z.B. Balladen, beschränkt hätten. Aufgrund der vorangegangenen Unterrichtsbeispiele ist es leicht nachvollziehbar, wie z.B. in Schillers „Bürgschaft" der innere Konflikt des Freundes, der auf die Rückkehr des Verurteilten wartet, durch Ambivalenzdoppeln verdeutlicht werden könnte oder wie er in einem inneren Monolog um seine Entscheidung ringt, für den Freund zu bürgen oder ebenso, wie das Verhalten der Freunde auf den Tyrannen wirkt. Wesentlich schwieriger ist jedoch die Bearbeitung moderner Lyrik oder von Naturlyrik, eben deshalb wählten wir Beispiele aus diesem Bereich. Daß wir in unseren Bearbeitungen wenig Gewicht auf die formale Seite der Textbetrachtung, wie Analyse von Reimschemata oder Versmaß gelegt haben, liegt einerseits daran, daß wir diese Analysen für das Verständnis von Lyrik häufig für verzichtbar halten, andererseits daran, daß wir der Meinung sind, daß dort, wo sie für das Wirkungsverständnis benötigt werden, jedem Lehrer genügend Methoden zur Bearbeitung bekannt sind. Es ist folglich durchaus möglich, im Anschluß an eine Bearbeitung mit handlungsorientierten Techniken eine traditionelle Analyse anzuschließen.

Bertolt Brecht, Fahrend in einem bequemen Wagen

Didaktische Analyse

In unserer Ansicht, in einer offeneren Annäherung an Lyrik mit den Mitteln des Rollenspiels dem Sujet eher gerecht zu werden als durch ein ausschließlich analytisch-interpretatorisches Vorgehen, fühlen wir uns bestärkt durch ein Nachwort von Walter Jens, das dieser zu einer Sammlung von Brechtgedichten verfaßte und das wir hier in Ausschnitten wiedergeben wollen (vgl. dazu B. Brecht: Ausgewählte Gedichte, Nachwort von Walter Jens, Frankfurt 1964, S. 85ff.)

„Hinwendung zu den kleinen Dingen, das bedeutet für Brecht: Humanisierung." (Jens S. 85)

Diese Hinwendung zum eher Alltäglichen, zu den kleinen Dingen der Natur und Ereignissen des Lebens bedeutet jedoch keinen Verzicht auf Belehrung, keine Aufgabe seiner Dialektik:

Er „belehrte selbst da noch, wo er, scheinbar ins Anschaun versunken, die Anmut einer Pflanze beschrieb. Jede Zeile sucht ihr du, Imperative prägen die Strophen, Fragen sind die stärksten Befehle. ‚Zweifel' ist die zentrale Vokabel der Emigration . . ." (Jens, S. 86)

„Den kleinen Leuten, den listig Verständigen, um Vergänglichkeit Wissenden gelten die Befehle: Imperativ und Frage, die grammatikalischen Grundformen Brecht'scher Gedichte. Ob Epigramm oder Ballade, Parabel, Volkslied oder Pamphlet, ob Persiflage oder Spruch: es werden, sieht man von den ersten Jahren ab, in jedem Fall Lehren erteilt, Nutzanwendungen gezogen, Fragen aufgeworfen, die dann der Adressat beantworten mag . . . – Brecht rechnet in jedem Fall mit dem hellen Kopf seiner Leser. Deshalb verwendet er auch so gerne das Partizipium präsentis (‚Das partizipium präsentis sollte nur jemand gebrauchen, der wie ich eine Eins in Latein hatte') – hier muß das logische Verhältnis zwischen Haupt- und Nebensatz erst analysiert werden. Adversativ, kausal, temporal?
Der Leser strenge sich an, stelle die richtige Verbindung her, gebe dem Vieldeutig-Schillernden logische Evidenz. Kein Zweifel, daß Brecht bei solchen Manipulationen sein Publikum nicht selten überschätzt hat; Verfremdungseffekte werden nun einmal nur von kritischen Zweiflern, nicht von gehorsamen Dienern verstanden . . . Gerade die fausse naiveté der Brecht'schen Gedichte, die scheinbare Simplizität dieser Strophen, ist häufig schwerer zu entschlüsseln als die Dunkelheit eines Gedichts, das seinen Tiefsinn offen eingesteht und ihn nicht raffiniert zu tarnen versucht. Bei

„Fahrend in einem bequemen Wagen
Auf einer regnerischen Landstraße
Sahen wir einen zerlumpten Menschen bei Nachtanbruch
Der uns winkte, ihn mitzunehmen, sich tief verbeugend,
Wir hatten ein Dach und wir hatten Platz und wir fuhren vorüber
Und wir hörten mich sagen, mit einer grämlichen Stimme:
Nein
Wir können niemand mitnehmen.
Wir waren schon weit voraus, einen Tagesmarsch vielleicht
Als ich plötzlich erschrak über diese meine Stimme
Dies mein Verhalten und
Diese ganze Welt."

Bertolt Brecht

Quelle: Bertolt Brecht: Die Gedichte von Bertolt Brecht in einem Band, Frankfurt/M. 1981, Suhrkamp Verlag, S. 586.

Brecht gilt es nicht minder behutsam als im Fall Hemingway ans Werk zu gehen; denn was auf den ersten Blick als ‚realistisch' erscheint, erweist sich bei genauerem Hinsehen als Stil, Manier und Abstraktion. Da treten, in schockierender Weise, Elemente aus ganz verschiedenen Ebenen unverbunden, durch keinen Absatz, keine Konjunktion getrennt, nebeneinander; da dominieren höchst ungewöhnliche grammatikalische Konstruktionen, das Zeugma ermöglicht witzige Pointen, die Inkonzinnität zerstört gewaltsam alle erwarteten Parallelismen: ‚Den Tigern entrann ich / Die Wanzen ernährte ich / Aufgefressen wurde ich / von den Mittelmäßigkeiten.' (Hatte man nicht fest mit einem Tier gerechnet?)" [In unserem Beispiel: ‚Als ich plötzlich erschrak über diese meine Stimme / Dies mein Verhalten und diese / Ganze Welt.' Wer erwartet hier ein Erschrecken über den Zustand der ganzen Welt? d.Verf.]

„Scheinbar absichtslos, gelangweilt beinahe, reiht der Lyriker Brecht immer wieder Sätze aneinander, zwischen denen der Leser, um den Text überhaupt zu verstehen, erst Scharniere einfügen muß. Wie Hemingway arbeitet er am liebsten mit Verkürzungen ... mit stilistischen Verknappungen und Abbreviaturen von solcher Kühnheit, daß der ausgelassene Kontext den Umfang des Niedergeschriebenen aufwiegt." (S. 89/90)

Wenn es so ist, wie Jens sagt, daß sich die Lyrik Brechts erst erschließt, wenn der Leser das Weggelassene als das Wirkliche und Wichtige erkennt, daß er selbst erst Scharniere des Verstehens in den Text einfügen muß, dann ergibt sich von selbst, daß im Unterricht die subjektiven Füllungen, die die Texte Brechts erfordern, um überhaupt verständlich zu werden, hauptsächlicher Schwerpunkt der Bearbeitung sein müssen. Nicht die Füllungen des Lehrenden und damit seine doch weitgehend subjektiven Interpretationsvorstellungen, die zudem geprägt sind von seinem Weltverständnis, seiner Erziehung und sozialen Lage, können dann im Vordergrund stehen, sondern die Vielzahl der möglichen Auslösungen bei allen Rezipienten des Textes werden zum Gegenstand des sich gegenseitigen Austauschens, und des – im Prozeß dieses Austauschens – relativierten eigenen Verständnisses.

Es findet so eine gemeinsame Annäherung an die vermuteten Botschaften des Textes statt, eine Annäherung, bei der jeder zunächst sein eigenes Verständnis offenbart und in einem wechselseitigen Vergleichsprozeß mit dem Verständnis anderer allmählich verändert. Zu dieser Veränderung des eigenen Verständnisses wird niemand in dem Sinne gezwungen, daß ihm eine einzige, objektiv richtige Deutung angeboten wird, die von allen zu akzeptieren wäre, was implizit auch signalisieren würde, daß die eigene Wahrnehmung falsch oder zumindest minderwertig ist. Vielmehr ist angestrebt, eine fruchtbare Ergänzung und Erweiterung jedes individuellen Verständnisses zu ermöglichen.

Unterrichtsverlauf

Phase 1:

Als Einstieg scheint es uns ausreichend, die Beschäftigung mit einem Gedicht anzukündigen, das sich mit einer alltäglichen Situation auseinandersetzt, die mancher vielleicht schon kennengelernt hat oder in die sich zumindest jeder hineinversetzen kann.

In Klassen, die sich zuvor nie mit Texten von Brecht beschäftigt haben, sollte vor dem Lesen des Textes eine entsprechende Information über den Autor, sein Werk und seine grundlegenden Absichten gegeben werden. Wir haben gute Erfahrungen damit gemacht, den Text als Anschlußtext zum ‚Hilflosen Knaben' einzusetzen, da die Schüler dann schon Informationen zum Autor besitzen.

Phase 2:

In den unteren Klassen der Sekundarstufe I haben wir die Erfahrung gemacht, daß, wohl auf Grund der sprachlichen Form, die Schüler teilweise Schwierigkeiten hatten, das inhaltliche Geschehen nach einmaligem Lesen richtig zu verstehen. Es empfiehlt sich daher, den Text mehrfach lesen, eventuell die Schüler den Inhalt kurz wiedergeben zu lassen und erst dann den Schülern Gelegenheit zu geben, sich zum Dargestellten zu äußern. Nach unserer Erfahrung muß häufig auch noch der Begriff „Tagesmarsch" erläutert werden, da viele Schüler nicht sofort verstehen, daß der fahrende Wagen eine Strecke zurückgelegt hat, die dem Tagesmarsch des an der Straße Winkenden entspricht. Bei den Äußerungen der Schüler wird es häufig zu Wertungen des Verhaltens kommen; das Ende des Textes (Erschrecken über die ganze Welt) wird in der Regel gar nicht aufgenommen, da auch hier wieder Brecht mit einer für den Leser unerwarteten Übersteigerung arbeitet (vgl. „Der hilflose Knabe", S. 55). Der Leser biegt den Text für sein eigenes Verständnis so zurecht, daß er die unerwartete Pointe einfach nicht beachtet. Es ist daher zunächst einmal sinnvoll, die Gedanken aufzunehmen, die bei den Schülern unmittelbar ausgelöst wurden, und das sind die Fragen nach den Motiven und wie die Handlungsweise des Fahrers zu bewerten ist.

Phase 3:

Bei Brecht erfahren wir nichts über die Motive des Fahrers, den Anhalter nicht mitzunehmen. Allerdings erfährt der Leser etwas über die Notwendigkeit zu helfen: Es regnet; der Anhalter gibt sich, zumindest äußerlich, höflich; im Wagen ist es trocken und auch ausreichend geräumig – der Autor schließt in der Wahrnehmung des Lesers alle Rechtfertigungsgründe für die Verweigerung aus, die von außen kommen könnten bis auf einen: Der Anhalter ist zerlumpt, verbeugt sich jedoch tief.
Es geht also darum, die inneren Motive des Fahrers aufzuspüren, der offensichtlich auf Grund einer einzigen negativen Information reagiert, ohne daß er sich dessen bewußt ist: „Nein. Wir können niemand mitnehmen."
An dieser Frage kann mit einer Spielaufgabe angeknüpft werden, bei der die Schüler in der Reflexion über die Motive des Fahrers sich über ihre eigenen Motive in ähnlichen Situationen klar werden können:

– „Jeder versetzt sich einmal in den Fahrer. Ihr sitzt im Wagen hinter dem Steuer. Jetzt seht ihr am Straßenrand jemand, der möchte mitgenommen werden. Du fährst vorbei und überlegst dir, weshalb du den Mann nicht mitgenommen hast."

Diese Aufgabe kann in einem Monolog durch einen Schüler gelöst werden, der durch doppelnde Mitschüler unterstützt wird. Gute Erfahrungen haben wir auch damit gemacht, wenn sich die Schüler (die dazu allerdings in einem Gesprächskreis sitzen müssen), reihum zu dieser Frage äußern.
Der Lehrer sollte sich an dieser Runde beteiligen. Es besteht dann die Möglichkeit, den Aspekt: Der sieht so zerlumpt aus – das paßt nicht zu uns, oder: Solche Leute nehme ich nicht mit! miteinzubringen, falls er nicht zuvor schon von den Schülern genannt wurde.
Im Auswertungsgespräch, in dem die Schüler die ablehnende Haltung des Fahrers mit ihren eigenen Erfahrungen vergleichen sollen, kann auch die Frage aufgenommen werden, welche Informationen der Autor im Text selbst zu den möglichen Motiven gibt (zerlumpter Mann) und wie diese Textinformation auf dem Hintergrund der bekannten Intentionen des Autors möglicherweise zu werten ist. Im Auswertungsgespräch sollte auch deutlich werden, daß solche Reaktionen häufig durch unbewußte Wertungen und Vorerfahrungen und nicht durch rationale Abwägung gesteuert werden.

Phase 4:

Brecht läßt am Ende des Gedichtes den Fahrer nicht nur über sich selbst, sondern über die ganze Welt erschrecken, d.h., das dem Fahrer zugeschriebene Verhalten symbolisiert stellvertretend den allgemeinen Umgang der Menschen miteinander, der geprägt ist durch mangelnde Solidarität und Menschlichkeit. Gleichzeitig wird dem Leser vermittelt, daß die inneren Widersprüche und die daraus resultierenden Verhaltensweisen jedes Einzelnen die grundlegenden Widersprüche und Unzulänglichkeiten der Gesellschaft spiegeln. Die Veränderung der unzureichenden Zustände beginnt bei der Wahrnehmung des eigenen Anteils, der dazu beiträgt, sie aufrecht zu erhalten oder unreflektiert zu tradieren, daher muß dieser eigene Anteil zunächst einmal bewußt werden. Während das Erschrecken des Fahrers über sich selbst noch vom Leser wahrgenommen wird, da es seinen alltäglichen Erwartungen entspricht, muß der letzte, aber wichtigste Satz, d.h. die Ausweitung vom individuellen zum gesellschaftlichen Problem, von ihm erst interpretiert werden, um verständlich zu werden.
Die nicht erwartete Übersteigerung der Schlußzeile sollte bewußt gemacht werden in Verbindung mit der Frage, inwieweit diese Übersteigerung beim ersten Lesen überhaupt wahrgenommen wurde.
„In dem Gedicht Brechts heißt es am Ende, daß der Fahrer über sich selbst und seine mißmutige Stimme erschrickt, aber auch über die ganze Welt. Hättet ihr diese Reaktion erwartet? Wird hier möglicherweise deutlich, was der Autor dem Leser begreiflich machen will?“
Durch diese Lehrerhinweise ist die nächste Spielphase vorbereitet:

- „Eigentlich besteht kein Anlaß, über die ganze Welt zu erschrecken, nur weil er den Mann stehen gelassen hat. In dem Fahrer müssen also noch andere Überlegungen vorgegangen sein, er denkt weiter.
  Bitte versetzt euch jetzt noch einmal in die Rolle des Fahrers. Versucht seine Gedanken nachzuvollziehen, wie er zuerst über sich selbst erschrickt, weiter nachdenkt und plötzlich über die ganze Welt erschrocken ist.“

Wieder ist es möglich, einen Schüler, unterstützt von allen anderen, einen Monolog als Fahrer des Wagens sprechen zu lassen, ebenso ist es möglich, wieder alle Schüler dadurch zu beteiligen, daß sie reihum den Monolog führen, wobei ein Schüler beginnt und die Mitschüler den Monolog weiterführen.
Durch Doppeln (auch des Lehrers) sollte der Erkenntnisprozeß des Sprechers (Entwicklung und Steigerung von der Erkenntnis mangelnder individueller Solidarität zur Erkenntnis mangelnder gesellschaftlicher Solidarität) verdeutlicht werden.
Im Auswertungsgespräch können folgende Fragen aufgeworfen werden:
Mögliche Aussageintention des Autors? Was verändert sich, wenn sich der Fahrer in Zukunft anders verhält? Läßt sich das, was im Text abläuft, auch auf andere Situationen übertragen?

Phase 5:

Im Text entscheidet der Fahrer zwar allein, dennoch sind außer ihm noch weitere Personen im Wagen („Wir hatten ein Dach ...“), die jedoch offensichtlich auf das Verhalten des Fahrers nicht reagieren. Daß sie den Vorgang nicht bemerkt haben, ist bei einer genaueren Betrachtung des Textes nicht sehr wahrscheinlich: „Sahen wir einen zerlumpten Menschen ... der uns winkte ...“
Ob der Ich-Erzähler des Textes auch der Fahrer des Wagens ist, kann nicht entschieden werden, es ist insoweit auch unerheblich, als er offensichtlich die Verfügungsge-

walt über das Fahrzeug hat, zumindest kann er unwidersprochen die Entscheidung treffen.
Er, als Vertreter einer privilegierten Gruppe verweigert einem Mitglied einer nicht privilegierten Gruppe seine Hilfe, und die Mitfahrer schließen sich dem an, sei es, weil sie selbst zu den Privilegierten gehören, sei es, daß sie von deren Vertreter abhängig sind. Allein dadurch sind sie jedoch nicht aus der Verantwortung entlassen. Es lohnt daher, diesen Aspekt in einer weiteren Spielaufgabe zu erarbeiten.
Zunächst sollen die Schüler anhand des Textes die Frage beantworten, ob der Ich-Erzähler auch gleichzeitig der Fahrer des Wagens ist. Da diese Frage nicht zu entscheiden ist, bietet es sich an, die Szene zweifach anzulegen: Einmal ist der Sprecher der Fahrer des Wagens, im zweiten Fall gibt er mit seinem „Nein, wir können niemand mitnehmen", als Mitfahrer die Anweisung zum Weiterfahren. Im ersten Fall können die Schüler als Mitfahrer ihr Verhalten relativ leicht rechtfertigen (keinen Einfluß auf den Fahrer, es war schon zu spät usw.), im zweiten Fall müssen sie sich direkt mit der Frage der Verfügungsgewalt auseinandersetzen. Besonders interessant kann dabei der Monolog des Fahrers werden, der die Anweisung (möglicherweise entgegen seinen eigenen Intentionen) auszuführen hat.
Die Spielaufgabe besteht darin, daß die im Wagen befindlichen Mitfahrer – jeder für sich – in einem Monolog darlegen, weshalb sie nicht auf den Fahrer eingewirkt haben und wie sie sich selbst entschieden hätten.
Im anschließenden Auswertungsgespräch kann dann die Frage der gegenseitigen Abhängigkeiten vertieft aufgenommen werden, ebenso wie die sehr wichtige Frage, ob sich die Mitfahrenden nicht auch ohne diese ebenso wie der Fahrer verhalten hätten und welche Gründe sie dafür angeben können.

Phase 6:

Dieser Unterrichtsschritt kann auch entfallen, er dient der Vertiefung und Sicherung der Ergebnisse:
Die Schüler erhalten die Aufgabe, sich als Mitfahrer mit dem Ich-Erzähler zu unterhalten, nachdem sie erkannt haben, daß er über sein eigenes Verhalten erschrocken ist. Dabei muß sowohl der Fahrer sich nochmals seine Motive vergegenwärtigen und auch glaubhaft begründen, weshalb er so plötzlich seine Meinung geändert hat, ebenso müssen auch die Mitfahrer nochmals ihr Nichteingreifen begründen und versuchen, auf die neuen Erkenntnisse des Fahrers zu reagieren. Der Lehrer kann hier als Doppel jedes Protagonisten gewährleisten, daß nochmals alle ihm relevant erscheinenden Aspekte zur Sprache kommen.

Eine weitere inhaltliche Bearbeitung erscheint uns nicht notwendig. An dieser Stelle kann jedoch leicht der formale Teil der Gedichtbetrachtung angeschlossen werden: fehlende Reime, ‚willkürliche' Trennung einzelner Sätze und Funktion dieser Trennung, Partizipialformen, Großschreibung der Zeilenanfänge als einziges traditionelles Merkmal eines Gedichtes.

Hausaufgabe

Wir sind grundsätzliche Anhänger eines handlungs- und subjektorientierten Unterrichts. Daraus erklärt sich auch, weshalb wir zur Lernzielüberprüfung individuelle produktionsorientierte Aufgaben bevorzugen, da sie dem Schüler die Möglichkeit bieten, tatsächlich das wiederzugeben, was für ihn selbst das Wesentliche der inhaltlichen Unterrichtsarbeit war.
Eine denkbare Aufgabenstellung wäre im Anschluß an die Bearbeitung:

„Essend und trinkend in einer reichen Stadt
Sahen wir einen Bettler in einer Ecke sitzen
Der seinen Hut hob, dankend
Um jeden Pfennig
Den ihm die Menschen gaben.
Aber ich,
Ich gab ihm nichts, ging einfach vorüber.
Als ich gerade aß, erschrak ich plötzlich
Über diese meine Stimme
Dies mein Verhalten und
Diese ganze Welt.“

Als ich eines Morgens in unsere Klasse kam,
saß ein neuer Schüler an meinem Platz.
Ich schrie ihn an, daß er auf meinem Platz sitzen würde.
Ich fragte ihn auch, was er eigentlich
in unserer Klasse zu suchen hat.
Er sagte, er müsse
die Klasse wiederholen.
Als ich plötzlich erschrak
Über diese meine Stimme,
Dies mein Verhalten und
Diese ganze Welt.

Aus dem Heim

Eines Morgens, als wir auf dem Schulhof standen, sahen wir Peter, der aus dem Heim kam, an der Ecke stehen. Keiner aus meiner Klasse konnte ihn leiden, dabei war er ganz nett. Wir gingen auf Peter zu und verspotteten ihn mit Schimpfnamen. Ich selber sagte zu ihm:
„Du doofer Trottel, kommst ja aus dem Heim, von dir wollen wir nichts wissen.“ Als er das hörte, fing er an zu weinen und rannte davon. Erst als er fort war, kam ich wieder zu Sinnen! Plötzlich erschrak ich über diese meine Stimme, dies mein Verhalten und diese ganze Welt.

Fahrend auf einem bequemen Fahrrad
Fahrend auf einem bequemen Fahrrad fuhr ich den
Neckar hoch.
Ich traf auf einen anderen Fahrradfahrer, der einen
Plattfuß hatte.
Ich hatte Flickzeug, aber ich fuhr weiter.
Ich hatte Flickzeug und einen unbeschädigten Reifen
aber ich fuhr weiter.

„Ich brauche mein Flickzeug selber."
Als ich plötzlich erschrak über diese meine Stimme,
Dies mein Verhalten und
Diese ganze Welt

Ich ging in die Stadt, ich hatte viel Geld dabei. Ich sah einen armen Bettler. Ich ging an ihm vorüber und ich hörte mich sagen: „Nein, ich habe kein Geld übrig für Bettler." Als ich ein Stückchen weiterging sah ich im Schaufenster einen Armreifen und ich hatte nicht so viel Geld dabei. Ich dachte an den Bettler, als ich plötzlich erschrak über diese meine Stimme, dies mein Verhalten und diese ganze Welt.

Zum heutigen Tag hatte ich eine Annonce in die Zeitung setzen lassen: „Zimmer zu vermieten, nur für anständige Leute." Ich saß im Wohnzimmer und las die Zeitung, als es plötzlich klingelte. Vor der Tür stand ein junger Mann, der äußerlich sehr manierlich und sympathisch aussah. Trotzdem fragte ich nach seinen Papieren. Als ich sie sah, bekam ich einen Schreck: Dieser Mann, der vor mir stand, kam aus dem Gefängnis. Ich sah ihn an und gab ihm seine Papiere. Dann sagte ich: „Ich hab es mir anders überlegt" und knallte die Türe zu. Es war beim Mittagessen, als ich plötzlich erschrak, über diese meine Stimme, dies mein Verhalten und diese ganze Welt.

– Verfasse einen Text, der die im Gedicht angesprochene Problematik zum Inhalt hat, aber eine andere Situation beschreibt.
  Ergänzt oder spezifiziert werden kann die Aufgabe durch die Anweisung, daß der eigene Text mit den letzten drei Zeilen des Brechtschen Gedichtes enden soll und/oder daß die sprachliche Vorlage möglichst übernommen werden soll.

An dieser Stelle wollen wir wenigstens einmal einige typische Schülerarbeiten dokumentieren, die nach einer Bearbeitung des Textes nur mit Rollenspieltechniken, ohne Bearbeitung der formalen Aspekte des Gedichtes in einer 7. Klasse einer städtischen Hauptschule entstanden sind (vgl. S. 82/83).

Mörike, Er ist's / Huchel, Herbst

Vorschläge für die Behandlung von Lyrik

War die Bearbeitung des Brechtschen Textes mit Rollenspieltechniken noch in der Analogie zu anderen Textgattungen möglich, da an einem Handlungsstrang und einer Aussageintention des Autors entlang gearbeitet werden konnte, verlangt die Rezeption von Naturlyrik völlig andere methodische Elemente. Wir verzichten hier bewußt auf jede formale Betrachtung der Gedichte, unsere Absicht ist es, zugegebenermaßen extreme Rezeptionsmöglichkeiten aufzuzeigen, an die traditionelle Betrachtungen beliebig angeschlossen werden können.

Die von uns vorgeschlagenen Methoden sind experimentell zwar von uns erprobt, jedoch nur in Klassen anzuwenden, die bereit sind, sich ganz auf den Lernprozeß einzulassen und die an abweichende Unterrichtsformen, die die subjektive Wahrnehmung und die bewußte Auseinandersetzung mit dem eigenen ganzheitlichen Erleben verlangen, gewohnt sind und diese auch akzeptieren.

Wir wollen versuchen, Bausteine anzubieten, die beliebig zur Bearbeitung lyrischer Texte eingesetzt werden können und die durchaus auch nur Teilelemente einer Unterrichtsstunde bilden können. Dabei geht es uns in erster Linie darum, den Schülern ihre eigenen inneren Bilder, die in ihnen durch die Texte entstehen, zugänglich zu machen und zu verdeutlichen, daß diese Bilder einen wesentlichen Teil der von den Autoren angestrebten Wirkung ausmachen.

Die beim einzelnen Rezipienten entstehenden Bilder sind höchst unterschiedlich und durch seine individuelle Erfahrung bestimmt.

Daher bestimmt nicht das Bild des Textes vorrangig die Wirkung, sondern die durch ihn ausgelösten inneren Bilder. Erst, wenn wir ihnen ausreichend nachsinnen konnten, sind wir offen für möglicherweise im Text angelegte abweichende Nuancen. Bei Erwachsenen, die sich bemühten, sich intensiv mit ihren eigenen Bildern auseinanderzusetzen, haben wir sehr anschauliche Beispiele für dieses Phänomen gefunden: So entstand zum Beispiel zum Bild des ‚Feuers' in Schillers Glocke einmal spontan das Bild eines Kartoffelfeuers, an dem sich der Leser zusammen mit seinem Vater sitzen sah, in einem anderen Fall dagegen das Bild eines brennenden Straßenzuges nach einem Bombenangriff. In beiden Fällen gaben die Betroffenen an, daß dadurch in ihnen eine emotionale Grundstimmung entstand (Geborgenheit und Wärme – Bedrohung und Beklemmung), die sie während der gesamten weiteren Lektüre nicht mehr verließ und so die weitere Wahrnehmung des Textes beeinflußte. Wichtig erscheint uns, daß alle Beteiligten, mit denen wir versuchten, die inneren Bilder zu verdeutlichen, der Meinung waren, daß ihnen ohne diese Art der Bearbeitung dieser Vorgang überhaupt nicht bewußt geworden wäre, so daß sie nicht hätten sagen können, weshalb der Text von ihnen als beruhigend oder tendenziell bedrohlich wahrgenommen wurde.

Wir wollen nicht verschweigen, daß die von uns vorgeschlagene Bearbeitungstechnik auch Gefahren in sich birgt: Es entstanden bei Schülern, die sich sehr intensiv auf die Entspannung einließen z.B. bei dem vorgelegten Gedicht „Herbst" nach anfänglich angenehmen Assoziationen auch stark bedrohliche und ängstigende Bilder, die die Schüler teilweise bis in ihre Kindheit zurückführten. Mit diesen Erlebnissen muß der Lehrer äußerst behutsam umgehen. Er sollte, wo er solche Prozesse beobachtet, diese nicht vertiefen, da er sich sonst möglicherweise in eine therapeutische Funktion hineinbegibt. Dies soll nicht bedeuten, daß den Schülern die Möglichkeit zur verbalen Entlastung beschnitten wird, sondern nur, daß darauf verzichtet wird, sie noch stärker in diesen Prozeß hineinzuführen. Ebenso sollte darauf verzichtet werden, Schüler, die sich nicht öffentlich zu ihren Erlebnissen während des Prozesses äußern wollen, zu einer Stellungnahme zu drängen. Hier bietet sich eher an, den Schülern die Möglichkeit zu einem Partnergespräch mit einem Mitschüler ihrer Wahl anzubieten. Will man diese Problematik reduzieren, empfiehlt es sich, Gedichte einzusetzen, deren Sprachbilder eher geeignet sind, positive Assoziationen zu erwecken. Wir würden von daher für den ersten Versuch eher das Gedicht Mörikes empfehlen und erst dann, wenn die Schüler mit dieser Form des Umgangs mit sich selbst schon Erfahrungen gemacht haben, z.B. das Herbstgedicht Huchels anbieten.

Er ist's

Frühling läßt sein blaues Band
wieder flattern durch die Lüfte;
süße, wohlbekannte Düfte
streifen ahnungsvoll das Land.
Veilchen träumen schon,
wollen balde kommen.
– Horch, von fern ein leiser Harfenton!
Frühling, ja du bist's!
Dich hab ich vernommen!

Eduard Mörike

Eduard Mörike: Werke Bd. 1, hrsg. von Harry Maync, Leipzig und Wien 1959, Bibliographisches Institut

Herbst

Oktoberbüsche kahl und naß,
verfaulter Nüsse Riß,
im rauhreifübereisten Gras
des Nebels kalter Biß.

Wie eine Wabe, ausgeleert,
die Sonnenblume starrt.
Der Wind, der durch die Dornen fährt,
klirrt wie ein Messer hart.

Peter Huchel

Peter Huchel: Gedichte, Berlin (DDR) 1948, Aufbau-Verlag

In diesem Zusammenhang sei darauf hingewiesen, daß diese Art des Erlebens und Erfahrens von Lyrik durch den Einsatz entsprechender Musik noch verstärkt werden kann. Allerdings ist dann in der Bewertung kaum mehr zu trennen, welche Eindrücke vorrangig durch die sprachlichen Bilder ausgelöst wurden. Schüler, mit denen wir die hier beschriebene Form erprobten, wünschten sich spontan, auf diese Weise einmal im Musikunterricht zu arbeiten. Ebenso ergiebig kann es sein, wenn im Kunstunterricht versucht wird, an einem Musikstück innere Bilder zu gewinnen und diese dann in einer farblichen Darstellung wiederzugeben.

Vorschläge für den Unterrichtsverlauf

Zunächst ist es unbedingt notwendig, in der Unterrichtssituation eine Grundstimmung zu schaffen, die dem einzelnen Schüler den Zugang zu sich selbst und zu seinen inneren Bildern ermöglicht. Dies ist sicher in einer ‚traditionellen' Lernsituation fast ausgeschlossen. Wir haben deshalb die Schüler zu Beginn der Stunde eindringlich mit den Zielen bekanntgemacht: Der vorgestellte lyrische Text sollte von ihnen in einer Form aufgenommen werden, die es ihnen ermöglicht, die Wirkung des Textes an sich selbst unmittelbar zu erfahren.

Dabei ist es günstig, wenn der Lehrer auf eigene Erfahrungen konkret hinweisen kann. Das Ziel kann auch am Beispiel des privaten Musikerlebens der Schüler verdeutlicht werden, da dabei häufig ähnliche Prozesse, wenn auch meist unbewußt, wie die von uns angestrebten, ablaufen.
Um dies bewußt erleben zu können, ist jedoch eine Situation notwendig, in der die Schüler sich ohne Störungen auf sich selbst und ihre inneren Bilder konzentrieren können. Es ist wichtig, die Schüler beim ersten Versuch zu bitten, dieser Art des Vorgehens eine Chance zu geben, zunächst selbst einmal Erfahrungen damit zu machen und den Versuch nicht von vornherein abzulehnen, was auch bedeutet, dem Lehrer einen Vertrauensvorschuß einzuräumen.
Unverzichtbar ist daher der deutliche Hinweis auf die abweichenden Formen und ihre Intentionen.
Die Schüler dürfen keinesfalls ‚überfahren' werden, das sichere Scheitern wäre die Folge. Wir haben immer sehr behutsam um die Öffnung der Schüler geworben und auch immer darauf hingewiesen, daß ein solcher Versuch nur erfolgreich sein kann, wenn sie sich zunächst ernsthaft auf ihn einlassen, ihre verständlichen Widerstände zu überwinden versuchen und ihre Kritik möglichst erst nach der Durchführung anmelden.
Ganz wichtig ist das Schaffen einer entsprechenden Arbeitsatmosphäre; am besten eignet sich der Sitzkreis.
Nach der Vorstellung der grundlegenden Intentionen wird die Notwendigkeit herausgestellt, eine Atmosphäre der Ruhe und inneren Sammlung herzustellen. Dazu bieten wir den Schülern eine Konzentrations- und Sammlungsübung an, wie wir sie auch häufiger zum Beginn anderer Unterrichtseinheiten eingesetzt haben. Hier ein Beispiel:
„Ich will euch nachher ein Gedicht anbieten. Ihr sollt dabei nur ruhig zuhören und in euch hineinhören und schauen und beobachten, was in euch vorgeht. Bitte achtet genau auf eure Gefühle und auf die Bilder, die in euch auftauchen. Über sie wollen wir nachher sprechen. Zunächst möchte ich euch aber ermöglichen, ruhig zu werden, euch selbst zu finden und euch selbst zu spüren. Bitte setzt euch möglichst entspannt auf euren Stuhl und schließt die Augen. Öffnet sie bitte nicht mehr, bevor ich es euch sage. Wenn ihr entspannt seid, werde ich euch mehrmals ein Gedicht vorlesen." (Besser wäre es, wenn sich die Schüler, so weit dies räumlich möglich ist und sie dazu bereit sind, entspannt auf den Boden legen würden. Der weitere Verlauf der Übung ist entnommen aus Vopel/Vopel: Selbstakzeptierung und Selbstverantwortung, Teil 1, Hamburg 1979.)
„Wählt die Stellung, die euch am behaglichsten ist ... Jetzt spannt alle Muskeln eures Körpers gleichzeitig an, Arme, Beine, Kiefer, Fäuste usw. Spannt euch ganz kräftig an ... (6 Sek.)
Und jetzt laßt los. Bemerkt, wie die Spannung aus eurem Körper geht ... Laßt mit der Körperspannung auch die Spannung aus eurem Geist gehen und ersetzt sie durch ruhige, gelassene Energie ... Laßt jeden Atemzug, den ihr tut, Ruhe und Entspannung in euren Körper bringen ... (20 Sek.)
Jetzt spannt euren ganzen Körper erneut an und haltet die Spannung ein paar Sekunden lang an ... (5 Sek.) Laßt jetzt wieder los und bemerkt, wie die Spannung aus eurem Körper fließt ... (10 Sek.)
Jetzt spannt erneut alle Muskeln eueres Körpers an und atmet zur gleichen Zeit tief ein. Haltet den Körper angespannt und haltet auch die Luft ein paar Sekunden lang an ...
Nun sagt zu euch selbst innerlich: ‚Entspanne dich' – und wenn ihr das tut, atmet aus und entspannt euch ... (10 Sek.)
Holt tief Luft und haltet sie 10 Sekunden lang an. Dann sagt euch innerlich: ‚Entspanne dich' und atmet aus ... (10 Sek.)
Versucht es jetzt noch einige Male ... (30 Sek.)" (S. 29ff.)

„Bitte laßt die Augen geschlossen und kontrolliert, ob ihr wirklich behaglich sitzt. Ich werde euch jetzt mehrfach ein Gedicht vorlesen, hört bitte auf den Text und hört gleichzeitig in euch hinein. Versucht genau zu beobachten, welche Gefühle in euch sind und welche Bilder in euch auftauchen."
Nun sollte das Gedicht mehrmals durch den Lehrer vorgelesen werden. Dann werden die Schüler aufgefordert: „Bitte versucht eure Gefühle und Bilder möglichst genau festzuhalten. ... Dann öffnet langsam die Augen ..."
Die weitere Bearbeitung hängt davon ab, wie intensiv sich die Schüler auf den Prozeß eingelassen haben und wie groß das Maß an Vertrauen der Schüler untereinander und zwischen Schülern und Lehrern ist. Die Veröffentlichung der eigenen Bilder fordert einige Überwindung. Nicht nur die Angst, etwas ‚Falsches' zu sagen kann blockieren, sondern auch die Angst, zuviel von sich preiszugeben oder von den Mitschülern verlacht zu werden. In Klassen jedoch, in denen die weitgehend angstfreie Mitteilung möglich war, erlebten wir Prozesse bisher unerlebter Intensität und Auseinandersetzung mit dem Text mit Hilfe der eigenen Bilder.
Werden die Bilder direkt ausgetauscht, sollten die Schüler in einem Sitzkreis kommunizieren, der eine bessere Bindung an die Gruppe ermöglicht. Die Schüler werden gebeten, reihum oder ungeordnet ihre Bilder und Gefühle widerzugeben. Dabei ist unbedingt darauf zu achten, daß die einzelnen Darstellungen weder vom Lehrer noch von den Mitschülern in irgendeiner Form kommentiert werden. Hilfreich ist sicherlich, wenn der Lehrer mit einem eigenen Beispiel beginnt, in dem er darstellt, welche Gefühle und Bilder der Text bei ihm selbst ausgelöst hat. Dazuist es natürlich erforderlich, daß er sich zuvor selbst in dieser Form mit dem Text beschäftigt hat.
Nach dem Austausch über die Bilder und Gefühle der Schüler sollte sich ein Gespräch darüber anschließen, wie die Schüler diese Form der Bearbeitung einschätzen, was ihnen dabei schwierig oder positiv im Vergleich zu anderen Formen erscheint.
In Klassen, in denen der offene Austausch nicht möglich erscheint (obwohl wir ihn allen anderen Formen vorziehen), können die Schüler gebeten werden, ihre Eindrücke mit einem Partner oder in einer kleineren Gruppe auszutauschen. Ebenso könnten die Schüler versuchen, ihre Eindrücke stichwortartig festzuhalten. In allen Fällen kann sich an diese Bearbeitung eine genauere Betrachtung des Textes anschließen:
- Welche Bilder benutzt der Dichter? Mit welchen sprachlichen Mitteln versucht er, sie hervorzuheben, zu verdeutlichen?
- Welche Assoziationen strebt er möglicherweise durch einzelne Begriffe an?

In einem anschließenden Gespräch sollte die Frage aufgeworfen werden, wie es zu erklären ist, daß die Bilder des Autors häufig völlig textferne Assoziationen hervorrufen.
Am Ende wollen wir nochmals darauf hinweisen, daß wir mit unserem Vorschlag nur Elemente für einen neuen Zugang zu lyrischen Texten vorstellen wollten. Diese Elemente können in traditionelle Bearbeitungen eingefügt werden, sie können aber auch durchaus für sich stehen. Unsere Erfahrungen zeigen, daß man lyrischen Texten auch dann durchaus gerecht werden kann, wenn man sich in ihrer Bearbeitung auf ihre Wirkung beschränkt, ohne ihre Wirkungsmechanismen in den Mittelpunkt zu stellen. Die Untersuchung der Wirkungsmechanismen wird dadurch nicht überflüssig, mit ihr wird jedoch eine grundsätzlich andere didaktische Absicht verfolgt, als wir in diesen Beispielen vor Augen hatten: Wir wollten vorrangig einen Beitrag zu einer vertieften Wahrnehmung von Lyrik leisten, ohne daß damit einer anderen, auch formaleren Auseinandersetzung mit lyrischen Texten die Berechtigung abgesprochen werden soll.

Der von uns gewählte Zugang zu Lyrik ist risikoreich, problematisch und zugegebenermaßen auch einseitig, aber in der Praxis aufgrund der höchst intensiven Auseinandersetzungsprozesse und Öffnung der Schüler derart faszinierend und auch befriedigend, daß wir jeden Kollegen ermuntern wollen, dieses Risiko einmal einzugehen.

Literaturverzeichnis

Benutzte Literatur

Baurmann, Jürgen u.a.: Textrezeption und Schule, Grundlagen – Befunde – Unterrichtsmodelle, Stuttgart 1980 (Kohlhammer)

Brackert, Helmut / Lämmert, Eberhard: Literatur I und II, Funkkolleg Literatur, Frankfurt/M. 1979 (Fischer)

Brecht, Bertolt: Ausgewählte Gedichte mit einem Nachwort von W. Jens, Frankfurt/M. 1964 (Suhrkamp)

Brecht, Bertolt: Geschichten von Herrn Keuner, Frankfurt/M. 1973 (Suhrkamp)

Broich, Josef: Rollenspiele mit Erwachsenen, Anleitungen und Beispiele für Erwachsenenbildung, Sozialarbeit, Schule, Reinbek 1980 (Rowohlt)

Cohn, Ruth C.: Von der Psychoanalyse zur themenzentrierten Interaktion, Stuttgart 1975 (Klett-Cotta)

Dithmar, Reinhard: Die Fabel. Geschichte, Struktur, Didaktik, Paderborn 1971 (Schöningh)

Eggert, Hartmut / Rutschky, Michael (Hrsg.): Literarisches Rollenspiel in der Schule, Heidelberg 1978 (Quelle & Meyer)

Frank, Gerd / Stephan, Joachim: Der Schüler als Leser. Textrezeption und Literaturunterricht, Freiburg i. Br. 1979 (Herder)

Freudenreich, Dorothea / Gräßer, Herbert / Köberling, Johannes: Rollenspiel, Praxis-Handbuch, Hannover 1981[5] (Schroedel)

Freudenreich, Dorothea: Kooperation – Lernen durch Rollenspiel, München 1977 (Kösel)

Freudenreich, Dorothea / Sperth, Fritz: Textverstehen durch Rollenspiel, Begründungen, empirische Untersuchungen. Forschungsbericht, mit umfangreichem Datenmaterial, Reutlingen 1981 (unveröffentlicht)

Goffman, Erving: Wir alle spielen Theater. Die Selbstdarstellung im Alltag. München 1969 (Piper)

Grass, Günther: Literatur in der Schule, Gespräch in: Betrifft: Erziehung, Juli/August 1980, S. 106–111

Gudjons, Herbert: Praxis der Interaktionserziehung, Bad Heilbrunn/Obb. 1978 (Klinkhardt)

Hawley, Robert C.: Werte spielen eine Rolle. Werterfahrung durch Rollenspiel für Unterricht und Gruppe, München 1979 (Pfeiffer)

Höhn, Elfriede: Der schlechte Schüler, München 1967 (Piper)

Hörmann, Hans: Meinen und Verstehen, Grundzüge einer psychologischen Semiotik, Frankfurt/M. 1978 (Suhrkamp)

Ide, Heinz (Hrsg.): Projekt Deutschunterricht. 1. Kritisches Lesen, Stuttgart 1971 (Metzler)

Iser, Wolfgang: Der Akt des Lesens, Theorie ästhetischer Wirkung. München 1976 (Fink)

Iser, Wolfgang: Die Appellstruktur der Texte, in: Warning, Rainer: 1975, S. 228–252

Krusche, Dietmar: Kommunikation im Erzähltext, München 1978 (Fink)

Kügler, Hans: Literatur und Kommunikation, Stuttgart 1971 (Klett)

Laing, Ronald D.: Phänomenologie der Erfahrung, Frankfurt 1972 (ed. Suhrkanmp)
Leutz, Grete A.: Psychodrama, Theorie und Praxis, Bd. I: Das klassische Psychodrama nach J. L. Moreno. Berlin – Heidelberg – New York 1974 (Springer)
Lowndes, Betty: Erstes Theaterspielen mit Kindern, Ravensburg 1979 (Otto Maier)

Mandl, Heinz (Hrsg.): Zur Psychologie der Textverarbeitung. Ansätze, Befunde, Probleme, München 1981 (Urban & Schwarzenberg)
Meckling, Ingeborg: Subjektivität im Deutschunterricht, in: Dietmar Larcher, u.a.: Lesebilder, Geschichten und Gedanken zur literarischen Sozialisation, Lektürebiographien und Leseerfahrungen, Reinbek 1980 (Rowohlt)
Moreno, Jacob L.: Gruppenpsychotherapie und Psychodrama. Einleitung in die Theorie und Praxis, Stuttgart 1973^2 (Thieme)

Nickel, Wolfgang: Rollenspielbuch, Theorie und Praxis des Rollenspiels, Hilfen für Spielleiter, Heft 9, Recklinghausen 1972
Nündel, Ernst / Schlotthaus, Werner: Angenommen: Agamemnon. Wie Lehrer mit Texten umgehen, München 1978 (Urban & Schwarzenberg)

Oaklander, Violet: Gestalttherapie mit Kindern und Jugendlichen, Stuttgart 1981 (Klett-Cotta)

Payrhuber, Franz-Josef / Weber, Albrecht: Literaturunterricht heute – Warum und wie? Eine Zwischenbilanz. Freiburg i. Br. (Herder)
Payrhuber, Franz-Josef: Wege zur Fabel, Freiburg i. Br. 1978 (Herder)
Petzold, Hilarion (Hrsg.): Angewandtes Psychodrama in Therapie, Pädagogik, Theater und Wirtschaft, Paderborn 1974 (Junfermann)

Sartre, Jean Paul: Was kann Literatur, Interviews, Reden, Texte 1960–1976, Reinbek 1977 (Rowohlt)

Scheller, Ingo: Erfahrungsbezogener Unterricht, Praxis, Planung, Theorie, Königstein/Ts. 1981 (Scriptor)
Scherf, Elisabeth: Aus dem Stegreif, Soziodramatische Spiele mit Arbeiterkindern, in: Behr u.a.: Folgekurs, sprachliche Kommunikation, Weinheim und Basel 1975, S. 193–214 (Beltz)
Schober, Otto (Hrsg.): Text und Leser, Stuttgart 1979 (Reclam)
Seidl, Erna / Pohl-Mayerhöfer, Renate u.a.: Rollenspiele für Grundschule und Kindergruppen, 100 Modelle aus der Praxis. München 1976 (Bayerischer Schulbuch-Verlag)
Shaftel, Fanny, R. / Shaftel, C.: Das Rollenspiel als soziales Entscheidungstraining, München 1973 (Reinhardt)
Stanford, Gene: Gruppenentwicklung im Klassenzimmer und anderswo, Braunschweig 1980 (Westermann)
Stein, Peter (Hrsg.): Wieviel Literatur brauchen Schüler. Kritische Bilanz und neue Perspektiven des Literaturunterrichts, Stuttgart 1980 (Metzler)

Vopel, Klaus und Renate: Selbstakzeptierung und Selbstverantwortung, Interaktionsspiele zur Persönlichkeitsentwicklung Teil I–II, Hamburg 1979 (ISKO-Press)

Waldmann, Günter: Produktives Lesen, Überlegungen zum Verhältnis von Rezeptionstheorie und Literaturunterricht, in: Harro Müller-Michaels: Jahrbuch der Deutschdidaktik 1980, Kronberg/Ts. 1980 (Scriptor), S. 87–96

Warning, Rainer: Rezeptionsästhetik, Theorie und Praxis, München 1975 (Fink)
Weber, Werner: Tagebuch eines Lesers, München 1965 (dtv)
Willenberg, Rainer: Zur Psychologie literarischen Lesens, Wahrnehmung, Sprache und Gefühl, Paderborn 1978 (Schöningh)

Für die Unterrichtsarbeit mit Rollenspiel empfohlene Bücher

Ernst, Anselm: Das Rollenspiel im Unterricht, Ravensburg 1976 (Otto Maier)
Dieses Buch ist als Beitrag zur Lehrerfortbildung gedacht. Es bietet in gedrängter Form eine Einführung in das Rollenspiel. Es gibt konkrete Unterrichtsanregungen und Hilfen, wie Rollenspiel durchgeführt werden kann.

Freudenreich, Dorothea: Kooperation – Lernen durch Rollenspiele. Unterrichtsentwürfe 1.–4. Schuljahr, München 1977 (Kösel)
Dieses Buch wurde für Lehrer geschrieben, die Rollenspiel in ihren Klassen einführen wollen und die mit dem Spiel das soziale Klima verändern wollen. Dabei werden auch Interaktionsspiele und fiktive Texte verwandt. Das hauptsächliche Ziel des Buches ist es, die Schüler mit dem Medium so vertraut zu machen, daß sie in vielen Zusammenhängen damit arbeiten können. Die Anregungen können auch in höheren Klassen verwendet werden.

Fritz, Jürgen: Methoden des sozialen Lernens, München 1977 (Juventa)
Fritz bietet in seinem Buch sehr viele Übungen und Spiele, die den Gruppenzusammenhalt der Schüler fördern und die Schüler zum gemeinsamen Handeln befähigen. Er stellt dabei eine angewandte Gruppendynamik im Bereich der Schule dar. Die Übungen sind ab dem 5. Schuljahr erprobt und ausreichend kommentiert.

Hawley, Robert C.: Werte spielen eine Rolle. Werterfahrung durch Rollenspiel für Unterricht und Gruppe. München 1979 (Pfeiffer)
Das Buch ist sehr unterrichtsnah und anschaulich geschrieben. Die Erfahrungen des Autors wurden in einer Junior-high-school gewonnen. Er stellt eine Reihe von Methoden dar, mit denen Literatur bearbeitet werden kann. Auch Rollenspiel in Geschichte, Religion und Sozialkunde wird vorgestellt. Die Herleitung der Normen und der Zusammenhang von Normen und Werte in einer Gesellschaft werden nicht diskutiert.

Stankewitz, Winfried: Szenische Spiele als Lernsituation. München, Berlin, Wien 1977 (Urban & Schwarzenberg)
Das Buch setzt in der Gesamtkonzeption breiter an als die Werke, die sich vorwiegend auf das päd. Rollenspiel im Klassenzimmer konzentrieren. Es bringt eine Fülle von Anregungen für das szenische Gestalten und auch für das Darstellen mit Publikum. Der Autor selbst hat sich mit dem szenischen Spiel in der Schule intensiv befaßt. Er strebt vor allem die Entwicklung der Darstellungsfähigkeit an, die Vermittlung von Inhalten durch die Darstellung tritt demgegenüber zurück. Als eine Ergänzung für unseren Ansatz empfehlenswert.

Vopel, K. W.: Interaktionsspiele für Kinder. Teil 1: Kontakt, Wahrnehmung, Identität, Hamburg 1980 (ISKO-Press)
Vopel K. W.: Interaktionsspiele für Kinder Teil 2: Gefühle, Familie und Freunde, Hamburg 1980 (ISKO-Press)
Vopel, Klaus und Renate: Selbstakzeptierung und Selbstverantwortung Interaktionsspiele zur Persönlichkeitsentwicklung. Hamburg 1980 (ISKO-Press)

Klaus Vopel hat eine Reihe von Interaktionsübungen für die Begegnung von Gruppen und für die Auseinandersetzung mit sich selbst in Gruppen entwickelt, zum Teil hat er sie auch von verschiedenen Autoren übernommen, auch von amerikanischen Autoren auf deutsche Verhältnisse übertragen.
Die Bände von Vopel bieten ein reiches Material an Übungen. Sie erfordern jedoch den erfahrenen Gruppenleiter, der die Wirkung der Übungen (Entspannungsübungen, Meditation, Phantasiereisen, Imaginationen usw.) an sich selbst erfahren haben sollte. Er sollte auch um die Beeindruckbarkeit und die Belastbarkeit der Gruppenmitglieder wissen, denen er die Übungen anbietet. Sonst könnte mit den Übungen auch Mißbrauch geschehen.

Die Bücher können im Selbstverlag des Autors angefordert werden. (ISKO-Press, Walderseestr. 56, 2000 Hamburg 52)